PAUL WEINGARTNER

# Klarheit

## DIE VON INNEN KOMMT

DAS MITDENKEN DER SEELE

 Die Welt braucht gute Nachrichten.

Aus Gründen der besseren Lesbarkeit wird auf die gleichzeitige Verwendung der männlichen und weiblichen Personenbezeichnung verzichtet. Geschlechtsneutrale Formulierungen werden angestrebt, sie sind aber nicht immer möglich. Die Verwendung der einen Form bedeutet keine Herabsetzung des männlichen oder weiblichen Geschlechts, sondern schließt die je andere Form mit ein.

Quellennachweis: Mit größter Sorgfalt sind Abdruckgenehmigungen für alle Texte dieses Buches zusammengetragen worden. Sollten dennoch Nennungen oder Rechte übersehen worden sein, ist dies unabsichtlich geschehen. Bitte informieren Sie uns in diesem Fall, damit wir diese Angaben künftig ergänzen können.

© MICHAVERLAG, Pettenbach - Austria
ISBN 978-3-902961-00-6

Bilder: Shutterstock®
Layout: Ulrike Heidlmayr
Herstellung: DGS Wien

www.michaverlag.at

# DANKE

An erster Stelle danke ich Gott und meinen Eltern.
Für sie war es selbstverständlich, mir das Leben zu schenken.
Meine acht Geschwister und viele Freundschaften öffneten mir
die Augen und das Herz für die Vielfalt des Lebens.
Eine besondere Heimat fand ich im Karmel, meiner Großfamilie.
Sie inspiriert, fordert und fördert mich.
Auch durch PRH, einer internationalen Schule
der Persönlichkeitsentwicklung, wurde mir
der Reichtum der Persönlichkeit
und der menschlichen Beziehungen tiefer erschlossen.
Viele Menschen, mit denen ich freundschaftlich verbunden bin,
wie Diakon Christoph Mittermair und seine Frau Johanna,
ermutigten mich zum Schreiben dieses Buches.
Ihnen, und ausdrücklich Frau Marie-Christine Wagner, danke ich
für die Durchsicht des Manuskripts und für wertvolle Anregungen.
All jenen, die im persönlichen Gespräch den Reichtum ihres Lebens
mit mir teilten und teilen, gilt mein ganz besonderer Dank.

Ziel ist nicht, dass Sie sich aus dem Gelesenen vieles merken, sondern dass Sie einiges *bemerken.*

Paul Weingartner

ES IST HÖCHSTE ZEIT, IN EINER SCHNELLEN WELT ZWISCHEN NOTEBOOK, E-BOOK UND
FACEBOOK RECHTZEITIG INNE ZU HALTEN UND SICH DEM OFFENEN BUCH DER EIGENEN
SEELE ZUZUWENDEN. ES IST HÖCHSTE ZEIT, DAS LEBEN ENDLICH ZU ERLEBEN.

Christoph Mittermair (*1960)

# VORWORT

Durch Bücher habe ich viel Bedeutendes für mein Leben entdecken können.
Sie sind mir wie Freunde geworden, mit denen ich gerne Zeit verbringe.
So möchte auch ich mit Ihnen auf diese Weise ins Gespräch kommen. Es ist
nicht wichtig, ob Sie jung oder alt, gesund oder krank sind. Auch die Ausbildung,
der Beruf und die familiäre Situation sind hier nicht von Bedeutung. Entscheidend
ist einzig, dass auch Sie achtsam und mit Freude Ihr Leben gestalten wollen.

Die verschiedenen Kapitel sprechen von Erfahrungen, die auch Ihre sein könnten.
Das Ziel ist nicht, dass Sie sich aus dem Gelesenen möglichst vieles merken, sondern
dass Sie einiges *bemerken*. Freuen Sie sich über jedes „Aha-Erlebnis".
Dieses Buch kann und soll viele ansprechen, in Übereinstimmung mit dem, was der
Psychologe Carl Rogers (1902-87) beobachtet und formuliert hat: „Gerade das
Persönlichste ist das Allgemeinste." Die einzelnen Kapitel, die jeweils für sich stehen,
richten die Aufmerksamkeit auf eine zwar nicht sichtbare, aber doch reale Welt.
Das Zitat, jeweils am Schluss jedes Kapitels möchte Sie zum Weiterdenken einladen.
Zudem finden Sie Anregungen zur Vertiefung und zum Austausch mit Freunden.
Mit diesem Buch richte ich mich an Jugendliche und an Menschen,
die ihre innere Jugendlichkeit bewahrt haben oder wiedererlangen wollen.
Deshalb ziehe ich in der Folge die Du-Anrede vor.

Mit besten Wünschen

P. Paul Weingartner

# DAS EIGENE LEBEN – EINE WISSENSCHAFT

Willst du für das eigene Leben eine Expertin oder ein Experte sein? Wir kennen Spezialisten in den verschiedensten Bereichen. Experten finden sich überall, wo Menschen leidenschaftliches Interesse zeigen und sich entsprechend engagieren. Gerne setzen sie ihre Zeit, ihre Kraft und ihre Mittel für ihr Fachgebiet ein, angefangen vom Hobby bis hin zu weltbewegenden Wissenschaften.

Dieses Buch will helfen, deinen Blick auf die eigene Biographie zu richten. So kannst du in deinem Leben verborgene Schätze aufspüren. Wir können alle Experten für das eigene Leben sein. Goethe (1749-1832) hat dieses Anliegen schön ins Wort gebracht: „Dem Einzelnen bleibe die Freiheit, sich mit dem zu beschäftigen, was ihn anzieht, was ihm Freude macht, was ihm nützlich erscheint. Aber das eigentliche Studium der Menschheit ist der Mensch."

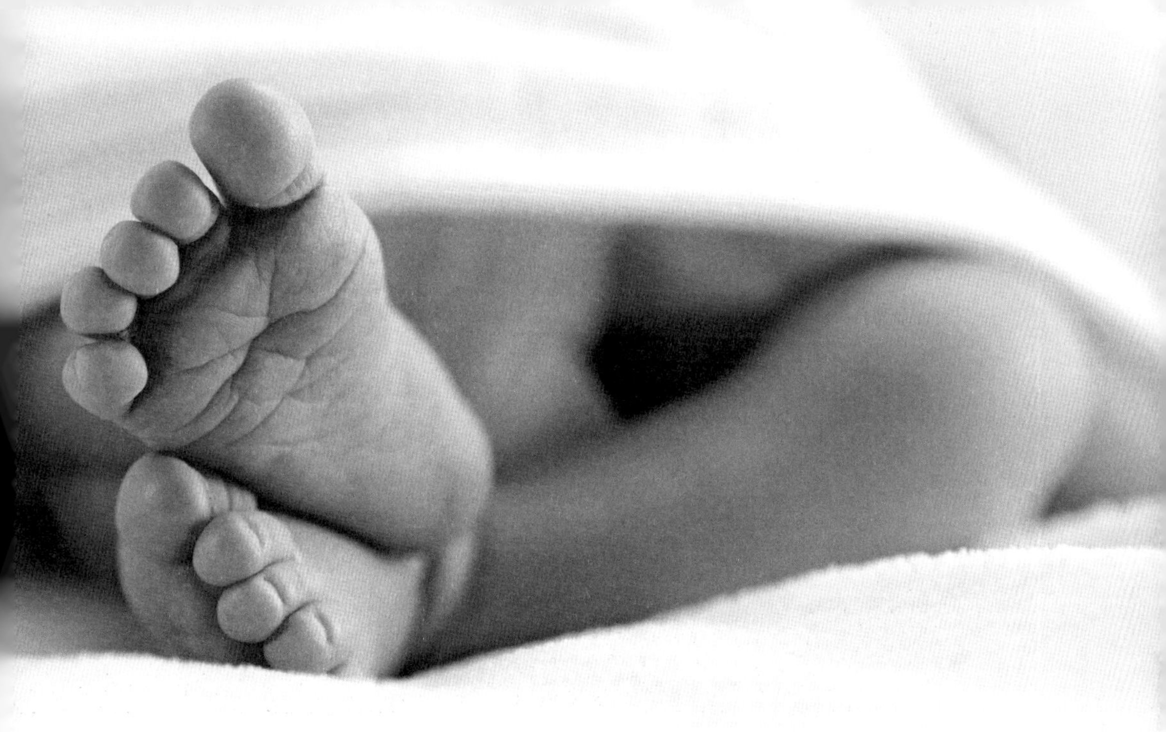

DEM EINZELNEN BLEIBE DIE FREIHEIT, SICH MIT DEM ZU BESCHÄFTIGEN, WAS IHN ANZIEHT, WAS IHM FREUDE MACHT, WAS IHM NÜTZLICH ERSCHEINT. **ABER DAS EIGENTLICHE STUDIUM DER MENSCHHEIT IST DER MENSCH.**

Johann Wolfgang von Goethe

> Wer nichts liest, wird sich nie so richtig auf die eigenen Füße stellen können, wird nur zu leicht zum Spielball der Meinung anderer.
>
> Franz Jägerstätter

# LESEN NUR MIT ‚GANZ‘ FREIEM KOPF

Lesen ist wie ein guter Austausch: Je achtsamer wir sind, desto mehr können wir von den Mitteilungen des Gesprächspartners aufnehmen, auch von den unausgesprochenen. Dieselbe Aufmerksamkeit verdient das geschriebene Wort. Dabei ist sowohl das gesprochene, als auch das geschriebene Wort nur ein Vehikel, also ein Mittel, das uns Inhalte übermittelt. Hat es seine Aufgabe der Übermittlung erfüllt, sodass wir den Inhalt erfasst haben, dann soll es in den Hintergrund treten. Ja, es kann sogar vergessen werden. Es ist wie eine Verpackung, von der wir uns nach der Zustellung des Inhaltes verabschieden. Die Worte können vergehen, der Sinn soll bleiben.

Bücher bringen uns in Kontakt mit Menschen, die zeitlich oder geographisch von uns weit entfernt sein können. Dank der Bücher vermögen wir zu wählen, an wem wir uns orientieren und mit wem wir uns beraten wollen. Der selige Franz Jägerstätter (1907-43), der einen klaren Blick für seine Innen- und Außenwelt hatte, meint: „Wer nichts liest, wird sich nie so richtig auf die eigenen Füße stellen können, wird nur zu leicht zum Spielball der Meinung anderer."

Lies nur, wenn du den Kopf „ganz" frei hast. Nur so kannst du die Gedanken erfassen, die oftmals unter extremer Anstrengung für uns zu Papier gebracht wurden. Von der Aufmerksamkeit und Mühe, welche die Lesenden aufbringen sollen, hat der italienische Gelehrte und Dichter Francesco Petrarca (1304-74) bereits vor etwa 700 Jahren gesprochen: „Ich will, dass mein Leser, wer er auch sei, nur mich, nicht die Hochzeit der Tochter, nicht die Nacht mit der Freundin, nicht die Fallstricke des Feindes, nicht die Bürgschaft, nicht das Haus, nicht seinen Acker oder seinen Schatz im Sinn hat. Und zumindest solange er liest, will ich, dass er bei mir ist. Wenn er von Geschäften bedrängt wird, soll er die Lektüre verschieben. Wenn er sich zum Lesen anschickt, soll er das Gewicht der geschäftlichen und familiären Sorgen abwerfen: Und in dem, was er unter den Augen hat, soll er den Freund vernehmen. Wenn diese Vereinbarung keine Zustimmung findet, soll er sich von den dadurch überflüssig gewordenen Texten fernhalten. Ich will nicht, dass der Leser gleichzeitig Geschäfte treibt und studiert. Ich will nicht, dass er ohne Mühe wahrnimmt, was ich nicht ohne Mühe schrieb."

# EIN BLICK GENÜGT – SICHER NICHT!

„Man sieht nur, was man weiß", soll in großen Buchstaben über dem Eingang einer Bibliothek in Alexandria gestanden sein. Oftmals werden wir erst durch einen Hinweis auf etwas aufmerksam. Dann richten wir die physischen Augen und auch das geistige Auge auf einen bestimmten Inhalt. Diesen können wir durch das genaue Hinschauen so nach und nach deutlicher sehen und richtig „wahrnehmen". Die Konzentration auf ein Thema, also das gesammelte Hinsehen, ist mit der Wirkung einer Linse vergleichbar. Diese vermag die Sonnenstrahlen auf einen einzigen Punkt zu sammeln, wodurch sogar ein Feuer entfacht werden kann.

In der Ausbildung zum Karosseriespengler, meinem ersten Beruf, hat der Meister auf die Genauigkeit und die fehlerfreie Arbeit ausserordentlich großen Wert gelegt. Durch solch verlässliches und sauberes Arbeiten, wie es zum Beispiel bei Lackierarbeiten unbedingt notwendig ist, lernte ich genau hinzusehen und sehr konzentriert zu arbeiten. Dies ist mir bis heute, besonders im Blick auf die Entfaltung des Lebens, von großem Nutzen.

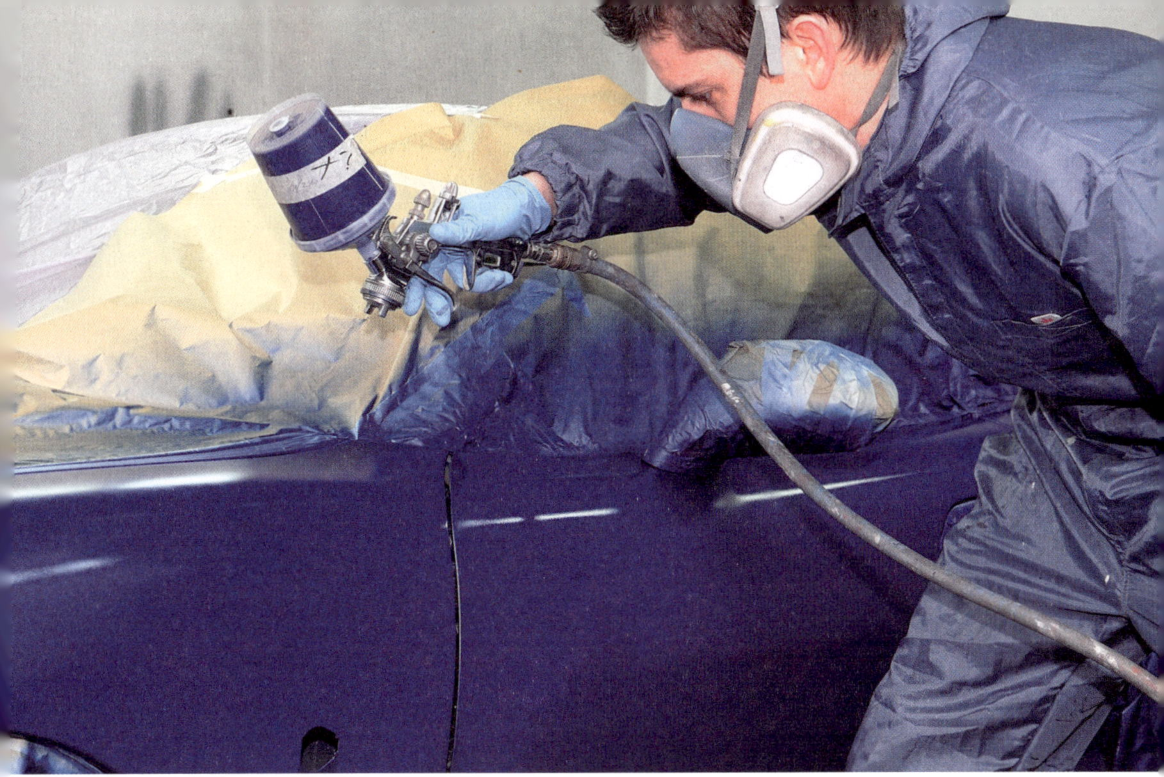

DURCH SOLCH EIN VERLÄSSLICHES UND SAUBERES ARBEITEN,
WIE ES BEI LACKIERARBEITEN UNBEDINGT NOTWENDIG IST, LERNTE ICH **GENAU
HINSEHEN** UND SEHR **KONZENTRIERT ZU ARBEITEN.**

Paul Weingartner

# EINE AUSBILDUNG
# DER BESONDEREN ART

Ich möchte hier kurz schildern, wie der amerikanische Naturforscher Louis Agassiz (1807 73) auf beeindruckende Weise seine Schüler trainierte. Er war Wissenschaftler der Fischkunde und Hochschulprofessor. Es war ihm ein großes Anliegen, seine Schüler die Fähigkeit des Beobachtens und Erfassens der gesehenen Dinge zu lehren. Daraus erwuchs für sie die besondere Geschicklichkeit, sich in konkreten Situationen gut zu orientieren und diese auch zu gestalten. Was die Studenten hier im Bereich der Biologie erlernten, kann ebenso für uns in vielen Lebensthemen von großem Nutzen sein. Durch gutes Beobachten werden wir fähig, nicht nur Sichtbares, sondern auch Unsichtbares tiefer zu erfassen. Um welches Thema, Anliegen oder Problem es sich auch handelt, immer wird durch das genauere und längere Hinschauen die Klarheit für das rechte Wählen und Handeln vergrößert.

Um den für das tiefe Erkennen notwendigen zeitlichen Einsatz zu veranschaulichen, möchte ich von einer Begebenheit erzählen, die Roberto Assagioli (1888-1974) in seinem Buch „L'atto di volontà" (Der Willensakt) schildert:

Ein junger Mann bat Professor Agassiz, dass er ihn als Student aufnehme. Der Gelehrte nahm einen Fisch aus seinem Aquarium und stellte ihn in einem Glas vor den Fragenden. Dieser sollte nun den Fisch aufmerksam beobachten, um später über das berichten zu können, was er an ihm bemerkt habe.

Es gab aber nichts besonders Auffallendes an diesem Fisch, war er doch wie die vielen anderen Fische auch. Der Kandidat sah Flossen und Schuppen, ein Maul, zwei Augen und einen Schwanz. Es dauerte keine halbe Stunde, da hatte der Student die Gewissheit, dass er alles das, was es zu sehen gab, gesehen hatte. Aber der Professor ließ ihn alleine. Der junge Mann begann sich zu langweilen. Da er den Meister trotz Suchens nicht finden konnte, kehrte er zurück, um weiterhin seinen Fisch zu betrachten. Die Stunden vergingen und bald wusste er vom Fisch ein wenig mehr als am Anfang. Die Aufgabe an sich aber widerte ihn immer mehr an. Er wurde mutlos und wünschte, dem Professor nie begegnet zu sein. Schien er ihm doch wie ein dummer Alter, der nicht mehr am Puls der Zeit lebte. Um sich die Zeit zu vertreiben, begann nun der Student die Schuppen des Fisches zu zählen, dann die Knorpel in den Flossen. Und irgendwann versuchte er, eine Zeichnung des Fisches anzufertigen. Dabei entdeckte er, dass der Fisch keine Augenlider hatte. Jetzt begann er zu begreifen, was sein Meister häufig betonte: „Ein Bleistift ist das beste Auge."

Endlich kehrte der Professor zurück und wollte von seinem Schüler wissen, was er denn am Fisch beobachtet hätte. Aber das Resultat enttäuschte ihn und so trug er dem fassungslosen jungen Mann auf, endlich genauer hinzusehen. Damit ließ er den Schüler wieder alleine. Und so machte sich der Student nochmals mit seinem Bleistift an die Arbeit. Dabei bemerkte er kleinste Details, die ihm vorher entgangen waren. Langsam begann er die Kunst des Beobachtens zu verstehen. Doch dem Meister genügte auch das nicht. Er verlangte von seinem neuen Schüler, weitere drei Tage mit demselben Fisch zu verbringen.

Nach diesen drei Tagen hatte unser Student die Kunst und die Fähigkeit des aufmerksamen Beobachtens begriffen und erworben. Denn nun konnte er auch die kleinsten Einzelheiten erfassen und verstehen. Nach Jahren war jener Student eine angesehene Persönlichkeit geworden und erklärte immer wieder: „Dieser war der beste Unterricht, den ich je erlebt habe. Es war eine Lektion, welche die Einzelheiten aller meiner späteren Studien beeinflusst hat. Dieses Erbe von unschätzbarem Wert hat der Professor mir und vielen anderen überlassen. Es ist ein Schatz, den wir nicht hätten kaufen können und den wir auch nicht verlieren können."

Bester Mann, ein Athener,

aus der größten und für die Weisheit

und Macht berühmten Stadt,

schämst du dich nicht, für Geld etwa zu sorgen,

wie du davon am meisten bekommst, auch für Ruhm und Ehre,

aber für Einsicht und Wahrheit und für deine Seele,

dass es ihr am besten geht, sorgst du nicht

und willst nicht daran denken?

Denn nichts anderes tue ich,

als dass ich umhergehe, um Jung und Alt unter euch zu überreden,

ja nicht für den Leib und das Vermögen zuerst und mehr zu sorgen

als für die Seele, dass sie am besten gedeihe.

Sokrates (470-379 v. Chr.)

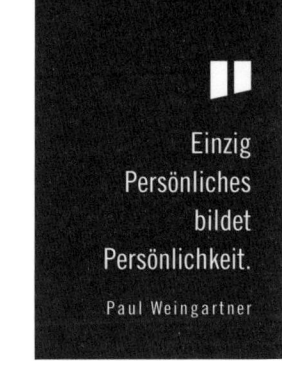

Einzig
Persönliches
bildet
Persönlichkeit.

Paul Weingartner

## ... IM AUSTAUSCH MIT FREUNDEN

### FÜR DICH ...

Durch gutes Beobachten
werden wir fähig,
nicht nur Sichtbares, sondern
auch Unsichtbares tiefer zu erfassen.

**Wie sehen deine letzten geistigen
Neuentdeckungen aus?**

„Qualität vor Quantität und
weniger ist mehr."
So wird immer wieder geraten.

**In welchen Bereichen eures Lebens
trifft das besonders zu?
Wie kann euer Alltagsleben an Qualität gewinnen?**

# Einblicke ins
# Unsichtbare

## AUGEN, DIE MEHR SEHEN

Wir können selbst wählen, worauf wir achten, woran wir denken oder auch welche Bilder wir mit unserem inneren Auge betrachten wollen. Wir sind frei und fähig, in Gedanken auszugehen, große Entfernungen zu überwinden oder jemanden zu besuchen. Die innere Freiheit macht es möglich, geistige Spaziergänge zu einem Ort oder zu einem Thema unserer Wahl zu unternehmen, unabhängig davon, wo wir uns gerade befinden.

Ich erinnere mich an ein erfrischendes Gespräch mit einer älteren Frau, die genau diese Fähigkeit gut nützt. Aus Bibliotheken besorgt sie sich die verschiedensten Bildbände über die Welt der Alpen, um so jene herrlichen Bergregionen erneut vor Augen zu haben, die sie einst durchwanderte. In ihrem Wohnzimmer lässt sie die Freude über frühere Bergtouren, die Erinnerung an malerische Gebirgsseen und Wanderungen durch Wälder und über Hochalmen in unberührter Natur neu aufleben. Das gelingt ihr, indem sie mit ihrer Vorstellungskraft wieder jene Orte aufsucht, an denen sie früher schöne Erlebnisse hatte. Noch deutlicher verspüren wir die belebende Wirkung einer Vorstellung, wenn wir an jemanden denken, den wir lieben.

WIR SIND **FREI UND FÄHIG,** IN GEDANKEN AUSZUGEHEN,
GROSSE ENTFERNUNGEN ZU ÜBERWINDEN ODER JEMANDEN ZU BESUCHEN.

Paul Weingartner

# ABSTAND, DER KLARER SEHEN LÄSST

Was ist der
tiefere Sinn
unseres Lebens?

Wir können etwas ganz aus der Nähe oder auch mit Abstand betrachten. Unsere Fähigkeit, die Aufmerksamkeit einmal auf ein konkretes Detail der Alltagsaufgaben zu richten, ein andermal auf das Gesamte des Lebens, wächst und entfaltet sich, je öfter wir sie nützen. Indem wir bewusst die Perspektive wechseln, vermögen wir unser geistiges Auge immer müheloser auf das zu richten, was uns hilfreich und wichtig ist. So wird es uns möglich, mit mikroskopischer Genauigkeit ganz auf den gegenwärtigen Augenblick und auf die konkrete Handlung konzentriert zu sein. Aber ebenso können wir durch bewusst gewählten Abstand, wie mit einem „Satellitenauge", einen großen Überblick bekommen. Es ist vergleichbar mit der Sicht auf ein Bergmassiv, das wir tagelang durchwandert haben, und nun auch aus vielen Kilometern Entfernung oder aus dem Flugzeug betrachten. Wir sind in der Lage, einerseits auf das bisherige Leben zu sehen, andererseits auch auf unseren Lebensentwurf für die Zukunft.

Erfahrungsgemäß richten wir Menschen unsere Blicke auf drei große Bereiche, die oftmals wie von selbst unsere Aufmerksamkeit auf sich ziehen: Erstens achten wir auf die sichtbare Umwelt mit den Mitmenschen. Zweitens beschäftigt uns das eigene Leben mit unserer Innenwelt. Und drittens fragen wir nach dem tieferen Sinn unseres Lebens.

INDEM WIR **BEWUSST DIE PERSPEKTIVE WECHSELN,** VERMÖGEN WIR UNSER GEISTIGES AUGE IMMER MÜHELOSER AUF DAS ZU RICHTEN, WAS UNS HILFREICH UND WICHTIG IST.

Paul Weingartner

> Indem du selbst erahnst, was wesentlich in deinem Leben ist, wirst du sensibel für die, denen du zuhörst.
>
> Paul Weingartner

# GUTES ZUHÖREN ÖFFNET DIE AUGEN

Wer gut zuhören kann, dient dem Leben und bringt Neues zur Welt. Aufmerksames Hinhören schafft eine Atmosphäre, in welcher bislang Unausgesprochenes und Unbewusstes zum Vorschein kommen kann. Voraussetzung dafür ist, dass du zuerst einmal deiner inneren Stimme Gehör schenkst. Indem du selbst erahnst, was wesentlich in deinem Leben ist, wirst du sensibel für die, denen du zuhörst.

In ihrer wissenschaftlichen Arbeit über die Einfühlung schreibt Edith Stein (1891-1942): „Nur wer sich selbst als Person, als sinnvolles Ganzes erlebt, kann andere Personen verstehen." Sie sieht einen Zusammenhang zwischen dem „Sich-selbst-Verstehen" und dem Verstehen anderer. Je mehr dir aus dem eigenen Leben bewusst geworden ist, umso eher ist es dir möglich, dich in andere einzufühlen.

Ich möchte dir aus dem Märchen „Momo" von Michael Ende (1929-95) ein Mädchen vorstellen, das außergewöhnlich gut zuhören konnte. Die kleine Momo hatte viele gute Freunde, die sie gerne besuchten. Fast immer sah man jemanden bei ihr sitzen, der mit ihr redete. Aber warum? Lassen wir uns erzählen:

„Was die kleine Momo konnte wie kein anderer, das war: zuhören. Das ist doch nichts Besonderes, wird nun vielleicht mancher Leser sagen, zuhören kann doch jeder! Aber das ist ein Irrtum. Wirklich zuhören können nur ganz wenige Menschen. Und so wie Momo sich aufs Zuhören verstand, war es ganz und gar einmalig. Momo konnte so zuhören, dass dummen Leuten plötzlich sehr gescheite Gedanken kamen. Nicht etwa, weil sie etwas sagte oder fragte, was den anderen auf solche Gedanken brachte, nein, sie saß nur da und hörte einfach zu, mit aller Aufmerksamkeit und aller Anteilnahme. Dabei schaute sie den anderen mit ihren großen, dunklen Augen an und der Betreffende fühlte, wie in ihm auf einmal Gedanken auftauchten, von denen er nie geahnt hatte, dass sie in ihm steckten.

Momo konnte so zuhören, dass ratlose oder unentschlossene Leute auf einmal ganz genau wussten, was sie wollten. Oder dass Schüchterne sich plötzlich frei und mutig fühlten. Oder dass Unglückliche und Bedrückte zuversichtlich und froh wurden. Und wenn jemand meinte, sein Leben sei ganz verfehlt und bedeutungslos und er selbst nur irgendeiner unter Millionen, einer, auf den es überhaupt nicht ankommt und der ebenso schnell ersetzt werden kann wie ein kaputter Topf – und er ging hin und erzählte alles das der kleinen Momo, dann wurde ihm, noch während er redete, auf geheimnisvolle Weise klar, dass er sich gründlich irrte, dass es ihn, genauso wie er war, unter allen Menschen nur ein einziges Mal gab und dass er deshalb auf seine besondere Weise für die Welt wichtig war. So konnte Momo zuhören!"

# AHNUNGEN EINE STIMME GEBEN

IM FREUNDSCHAFTLICHEN GESPRÄCH TASTEN WIR UNS IN **NEUE BEREICHE DES LEBENS** VOR, FINDEN ZU **GRÖSSERER KLARHEIT** UND WERDEN ZUM NÄCHSTEN SCHRITT ERMUTIGT.

Paul Weingartner

Bei Menschen, denen ich vertraue und spüre, dass sie wirklich zuhören, kann ich meine persönlichsten Fragen, Unsicherheiten und Grenzen, aber auch die tiefen Träume und Visionen zur Sprache bringen. Ich vergleiche das gute Gespräch, in dem Vertrauen und Verständnis eine Selbstverständlichkeit sind, mit einem Tennisspiel unter Freunden: Bei dem Hin und Her der Worte werden in einem freundschaftlichen Zusammenspiel die Gedanken ausgetauscht. Dabei gibt es eine inhaltliche Steigerung oder auch eine Vertiefung der „Sinn-Inhalte". Jeder Beitrag weitet den Horizont, an dem Neues auftaucht. Hier wird nicht gefragt: Wer hilft wem? Beiden wird etwas bewusst, was vorher vielleicht nur erahnt, aber nicht gedacht oder formuliert werden konnte.

Bedeutsam ist die Frage: Mit wem spreche ich über meine noch nicht „spruchreifen" Ideen und Absichten? In der Regel eröffne ich, anfangs vielleicht vorsichtig, meine Gedanken zuerst jenen, von denen ich meine, sie würden mich am besten verstehen. Im freundschaftlichen Gespräch taste ich mich in neue Bereiche des Lebens vor, finde zu größerer Klarheit und werde zum nächsten Schritt ermutigt. So fühle ich mich in bedeutsamen Anliegen bestätigt, was wiederum Vertrauen und Kraft in mir wachsen lässt. Es sind die Freunde, mit denen ich in geschützter Atmosphäre erste, eigene Schritte in die zuerst „kleine Öffentlichkeit" unter wenigen Augen und dann hinaus ins Weite wagen kann. Durch den Austausch mit ihnen gewinne ich jene innere Sicherheit, die ich brauche, um in einer manchmal weniger freundlichen Mitwelt mutig aufzutreten.

Warum ist den einen bewusst,
dass sie geliebt werden,
während andere nichts davon wissen?
Wenn einem jemand zuhört,
werden Verletzungen aus der näheren oder ferneren Vergangenheit gelindert.
Von hier kann die Heilung der Seele ihren Ausgang nehmen.
Hinhören auf das, was dem anderen bei sich selbst weh tut.
Zu verstehen versuchen, was er auf dem Herzen hat –
und allmählich lässt sich selbst in einer leidvoll aufgewühlten Erde
die Hoffnung auf Gott ausmachen oder wenigstens die Hoffnung auf Menschlichkeit.
Wer einen anderen begleitet und ihm zuhört, wird bisweilen,
von seinem Gegenüber unbemerkt, selbst zum Wesentlichen geführt.
Zuhören, immer wieder zuhören [...] Wer sich ein Leben lang in Einfühlung übt,
vermag die Menschen, die sich anvertrauen, mit wenigen Worten zu begreifen.
Wer auf diese Weise hinhört,
kann zu einer umfassenden Sicht des Menschen gelangen,
der zugleich Unzulänglichkeiten und Ausstrahlung,
Abgründigkeiten und Erfüllung in sich hat.

Frère Roger Schütz (1915-2005)

Bei Menschen, die wirklich zuhören und denen ich
vertraue, kann ich Persönliches zur Sprache bringen:
meine Unsicherheiten und Grenzen,
aber auch meine Träume und Visionen.
Indem sie mir zuhören, helfen sie mir,
größere Klarheit zu finden.

**Was war das Besondere bei den Gesprächen,
die dich in einem persönlichen Thema
weitergeführt und ermutigt haben?**

**Welche weiteren Anliegen, auch Tabu-Themen,
würdest du gerne in aller Offenheit zur Sprache
bringen?**

## ... IM AUSTAUSCH MIT FREUNDEN

### FÜR DICH ...

In „Gedanken-Spaziergängen" könnt ihr Menschen besuchen,
mit denen ihr euch sehr persönlich austauschen möchtet.

**Welche besonderen Charaktereigenschaften
haben diese Persönlichkeiten?
Was davon möchtet ihr übernehmen, um selbst besser
zuhören und austauschen zu können?**

## Angefülltes oder erfülltes Leben?

# GEBOREN, UM ZU WÄHLEN

Leben kann gelebt oder auch nur überlebt werden, kann genützt oder verloren werden. Das Leben wird nicht automatisch ganz bejaht und folglich nicht voll gelebt. Ich meine, dass wir das Leben dann richtig „verstanden" haben, wenn für uns jeder Augenblick wichtig geworden ist. Der Schriftsteller Stefan Zweig (1881-1942) spricht sehr treffend von einem „Leben ohne Verluste".

Ähnlich wie Wasser, das zur Ruhe kommt und das klar werden kann, tut es auch uns gut, wenn wir Ruhe haben, um Klarheit finden zu können. Diese brauchen wir, um das eigene Leben und die Umstände aktiv mitgestalten zu können. Wer sich ständig als „getrieben" erlebt, fühlt sich nicht in der Lage, selbst zu wählen. Es scheint dann keine Wahlmöglichkeit zu geben, die aber gesehen werden muss, um das Angemessene, das persönlich Stimmige wählen und verwirklichen zu können. Ob du das, was du tust, frei gewählt hast oder nicht: es wird auch immer etwas *mit* dir tun. Dieser

Rückwirkung deines Tuns auf dich selbst musst du dir stets bewusst sein. Du bist nicht nur Mitgestalter der Lebensumstände, sondern du formst durch dein Denken, dein Reden und dein Tun vor allem dich selbst. Wenn du nicht aktiv wählst, gestaltest nicht *du* die Lebensumstände, sondern diese gestalten *dich*. In der Bibel wird davon gesprochen, dass du dich in einer Wahlsituation befindest: „Leben und Tod lege ich dir vor. Wähle also das Leben!" (Deuteronomium 30,19)

Offensichtlich wird jeder Mensch als Wähler geboren. So sind wir also ein ganzes Leben hindurch „wahlberechtigt". Ja, noch mehr: Für jeden besteht persönliche Wahlpflicht – ob gewünscht oder nicht. Von Augenblick zu Augenblick „das Leben zu wählen" bedeutet, nur solche Entscheidungen zu treffen, die das Leben durch Liebe und Verantwortung schützen und fördern.

# ZEIT ZUR

Viele Menschen sind heute extrem beschäftigt, vielleicht überbeschäftigt. Es beginnt meist mit der Schule und findet seine Fortsetzung im Studium oder in der Ausbildung für den Beruf. Diese Lebensabschnitte nehmen unsere Zeit und Kraft voll in Anspruch. Später sind es dann der Beruf, die Freundschaften, die Ehe und die Familie, die unsere ganze Aufmerksamkeit fordern. Zudem kann die Sorge um die Wohnverhältnisse und um den Lebensunterhalt zu einer Dauerbelastung werden. Unsicherheiten im Berufsleben und Sorgen um die Zukunft der Kinder, sowie persönliche Krisen und innere Einsamkeit können es schwer machen, vom Leben und vom konkreten Alltag begeistert zu sein.

# ORIENTIERUNG?

Finden nicht viele Menschen erst reichlich spät die Zeit und Ruhe für eine gute Orientierung? Groß ist die Verlockung, mit Geschwindigkeit und Quantität gut machen zu wollen, was einzig durch Entschleunigung und Klärung verbessert werden kann. Die Zahl jener steigt, die erst durch einen gesundheitlichen Einbruch die nötige Zeit zur Besinnung finden. Und so sind manche, gerade durch eine Krankheit, in einer tieferen Weise gesund geworden. „Dumme laufen, Kluge gehen, Weise gehen in den Garten", sagt ein Chinesisches Sprichwort. Klingt es in unseren Ohren nur provokant oder ist es nicht auch eine gute Empfehlung?

Vom Bergsteigen weiß ich, dass ein ruhiges Gehen das Ziel viel sicherer erreichen lässt. „Möglichst schnell" und „möglichst viel" bedeutet noch lange nicht, dass wir das für uns Beste gewählt haben. In unserem Bemühen, zwischen einem *angefüllten* und *erfüllten* Leben zu unterscheiden, können wir nie aufmerksam und kritisch genug sein. Es hilft uns der Hinweis, dass bei einem erfüllten Leben bereits der Weg zum Ziel und nicht erst das Ziel uns Freude macht. Also auch jene Zeiten und banalen Tätigkeiten des Alltags, die für ein gutes Gelingen des Lebens notwendig sind, können bewusst und dankbar erlebt werden. Schließlich sollen wir doch in jedem Augenblick für den Sinn und die Freude sensibel sein.

ANGEFÜLLTES ODER ERFÜLLTES LEBEN?

# VOM AKTIVISMUS
# ZUR VOLLEN LEBENDIGKEIT

„Man muss ja erst mal wissen, was lebendig sein heißt", meint eine Frau, die davon erzählt, wie sie nach langem Suchen zu ihrer wahren Lebendigkeit gefunden hat:

„Ich gehörte zu jenen Menschen, die dachten, lebendig sein habe vor allem mit viel körperlicher Aktivität zu tun. So probierte ich sämtliche Sportarten aus. Das reichte vom Krafttraining über Surfen, Tennis und Skaten bis hin zum Radfahren und vielem mehr. Auch in meinen Reisen und ‚Wellness-Urlauben' meinte ich, Erfüllung zu finden. Aber nein, auch das war es nicht, was ich suchte.

Ich brauchte mehr als 50 Jahre, um zu erfahren, was es mit der wahren Lebendigkeit auf sich hat. Man muss es selbst erfahren und verspüren. Das hat mit der Außenwelt relativ wenig zu tun. Es bedarf nicht einer Weltreise oder besonderer Leckerbissen auf dem Teller und auch nicht des schönen Wetters, um einen erfüllten Urlaub zu haben.

Es wurde in mir die Aufmerksamkeit geweckt, dass es neben der körperlichen Fitness auch noch dieses ‚andere Leben' gibt. Am bedeutsamsten waren für mich die Worte eines Priesters: ‚Du bist von Gott unendlich geliebt, vor jeder Leistung und trotz aller Schuld!' Ich fühlte mich zutiefst angesprochen. Mein innerlich langweiliges Leben geriet aus den Fugen und ein neuer Ausbildungsweg und Umwandlungsprozess begann. In den banalsten Dingen und Begegnungen des Alltags erlebe ich heute einen neuen Sinn. Mein Leben wird täglich spannender, bewusster, froher und freier. Es ist ein Leben, das es nicht um alles Geld dieser Welt zu kaufen gibt. Dieses ist gratis und findet sich ganz tief in jedem Menschenherzen."

> **Wer nach außen schaut, träumt. Wer nach innen blickt, erwacht.**
>
> Carl Gustav Jung

# ‚PFAD-FINDER'
# ZUM EIGENEN
# LEBENSSINN

> WIDERSTREBE DER VERLOCKUNG,
> ETWAS NEUARTIGES ZU SUCHEN,
> UND SUCHE STATTDESSEN TIEFE!
>
> Peter Dyckhoff

„Wer nach außen schaut, träumt. Wer nach innen blickt, erwacht." Diese Aussage des berühmten Schweizer Psychologen Carl Gustav Jung (1875-1961) mag überraschen. Wurde uns nicht das Gegenteil gelehrt? „Mach deine Augen auf und sei kein Träumer!" oder „Sieh dich um, damit du weißt, wie es geht!" – Wurden wir nicht angeleitet, uns an anderen zu orientieren? Ist es nicht naheliegend, das, was die meisten tun, auch für das Richtige oder wenigstens für das Bessere zu halten? Die Geschichte lehrt uns, dass viele Vorbilder und Idole, die sich auf den ersten Blick als Leitfiguren anbieten, sich nach genauerem Hinsehen als „schadhaft" herausstellen.

Es muss ein inneres Bedürfnis sein, einen klaren Blick dafür entwickeln zu wollen, was auf lange Sicht dem Leben gut tut und es fördert. „Wegsuche" braucht offene Augen. Da viele Menschen dazu neigen, sich an der Außenwelt zu orientieren, beobachten sie gerne ihre Mitmenschen. Anspruchsvoller und zielführender ist es, nach einer realistischen Selbstwahrnehmung zu streben, ohne Selbstüberschätzung oder Selbstabwertung. Die Bücher der Heiligen Schrift verhelfen uns zu einem rechten Selbstbild, indem sie von unserer Würde und Größe erzählen, zu der hin wir uns entfalten. Auf dem Weg zu dieser wahren Größe sollten wir uns selbst mit den wohlwollenden Augen eines treuen Freundes und des liebenden Gottes anschauen. Bei dem Blick auf uns selbst braucht es eine besondere Aufmerksamkeit für die geistige Dimension unserer Person. Denn wir neigen dazu, nur die sichtbaren und leicht spürbaren Aspekte unseres Menschseins als real und wirkungsvoll einzuschätzen. Viel zu schnell betrachten wir uns reduziert auf ein biologisches und psychisches Wesen. So aber übersehen und vernachlässigen wir unseren inneren, geistigen Wert, also unsere Wurzeln. Die geistig spirituelle Welt unserer Seele wird, weil sie zart und gewaltfrei ist, sehr oft nicht wahrgenommen oder zum Schweigen gebracht. Um unter den vielen, sich laut aufdrängenden Angeboten den eigenen Lebenssinn aufzuspüren und ihm treu zu sein, rät uns Peter Dyckhoff (*1937): „Widerstrebe der Verlockung, etwas Neuartiges zu suchen, und suche stattdessen Tiefe!"

Eine rein *objektive* Beobachtung – das gibt es nicht.

Um interessant, das heißt bedeutungsvoll zu sein, muss deine Beobachtung *subjektiv* sein.

Die Summe dessen, was ein Schriftsteller, welcher Kategorie auch immer,

zu berichten hat, ist einfach eine menschliche Erfahrung,

ob er nun ein Dichter, ein Philosoph oder ein Mann der Wissenschaft ist.

Am meisten Wissenschaft besitzt derjenige,

der am lebendigsten ist, dessen Leben das größte Ereignis ist.

Sinne, die bloß äußere Dinge wahrnehmen, sind zu nichts nütze.

Es spielt keine Rolle, wie weit oder wohin du gereist bist, sondern wie lebendig du bist.

Jeder, der ein wesentliches Werk vollbringt, wird von dem Leben berichten, das in ihm ist.

Alles, was ein Mensch sagen oder tun kann, wird nur dann zu den Menschen sprechen,

wenn er auf diese oder jene Weise die Geschichte seiner Liebe erzählt – wenn er *singt.*

Wenn er das Glück hat, sich seine Lebendigkeit zu bewahren,

so wird er immer ein Liebender sein.

Das allein heißt lebendig zu sein bis in die Fingerspitzen.

Henry David Thoreau (1817–62)

**... IM AUSTAUSCH MIT FREUNDEN**

**FÜR DICH ...**

Der Beruf, die Freundschaften, die Ehe und die Familie fordern oft unsere ganze Aufmerksamkeit. Auch die Sorge um die Wohnverhältnisse und um den Lebensunterhalt kann zu einer Dauerbelastung werden. Unsicherheiten im Berufsleben und Sorgen um die Zukunft der Kinder, sowie persönliche Krisen und innere Einsamkeit können es schwer machen, vom Leben und vom konkreten Alltag begeistert zu sein.

Wasser, das sich beruhigt, kann klar werden und gibt den Blick in die Tiefe frei. So tut es jedem Menschen gut, zur Ruhe zu kommen, um ins Innere blicken zu können.

**Was hilft dir, zur inneren Ruhe zu finden?**

Aktivismus und volle Lebendigkeit sind einander auf den ersten Blick zum Verwechseln ähnlich.

**Worin seht ihr die Unterschiede?**
**Wie gestaltet ihr euren Alltag, um eure Lebendigkeit zu bewahren und zu fördern?**

## Lebensjahre statt Kalenderjahre

# WELCHEN WERT HAT DIE ZEIT?

Ich beobachte immer wieder einen interessanten Zusammenhang: Je mehr Lebenssinn Menschen entdecken, desto wertvoller wird für sie die Zeit. Sie werden sorgfältiger im Umgang mit ihren Stunden, sie versuchen bewusster in ihnen zu leben und lernen, ihr Leben vor „Zeiträubern" zu schützen. Je mehr Sinn aus unserem eigenen Leben heraus auftaucht, desto kritischer werden wir beim Wählen aus den unzähligen Unterhaltungsangeboten. Wer den rechten Umgang mit der Zeit sucht, wird zuerst nach den wichtigen Lebenszielen fragen. Es kann sein, dass jemand, der unnötig viel Zeit „verliert", vorher bereits den guten Blick für die persönlichen Hauptthemen verloren hat.

Einen äußerst wertvollen Hinweis für das Aufspüren der eigenen Lebensthemen gibt uns Meister Eckhart (um 1260-1328): „Die Menschen sollen nicht so sehr danach fragen, was sie tun sollen, sie sollen vielmehr danach fragen, wer sie sind." Unser Tun und Lassen richtet sich immer nach dem, wie wir über uns selbst denken. Das Selbstbild eines Menschen wirkt auf dessen Verhalten und Handeln, somit

> **"** Das Selbstbild eines Menschen wirkt auf dessen Verhalten und Handeln, somit auf die Verwendung oder Verschwendung der Zeit.
>
> Paul Weingartner

auf die Verwendung oder Verschwendung der Zeit. Weil wir selbst im Werden und in Veränderung sind, wandelt sich auch unser Selbstbild. Dass wir dementsprechend, teils auch unbewusst, neue Prioritäten und Verhaltensweisen anstreben, was sich in der Verwendung der Zeit ausdrückt, soll also nicht überraschen.

Der unter dem Nationalsozialismus hingerichtete Jesuitenpater Alfred Delp (1907-45) hat sehr klar ins Wort gebracht, dass nur die Zeit, die mit innerer Beteiligung gelebt wird, eine ausgefüllte Zeit ist. Das gilt auch für die schmerzlichen Phasen des Lebens: „Da die Zeit das kostbarste, weil unwiederbringlichste Gut ist, über das wir verfügen, beunruhigt uns bei jedem Rückblick der Gedanke etwa verlorener Zeit. Verloren wäre die Zeit, in der wir nicht als Menschen gelebt, Erfahrungen gemacht, gelernt, geschaffen, genossen und gelitten hätten. Verlorene Zeit ist unausgefüllte, leere Zeit."

**WER NICHT DIE EIGENE ZEIT
GESTALTET, WIRD VON IHR GESTALTET.**

Paul Weingartner

# ZEIT GESTALTEN HEISST LEBEN ENTFALTEN

In einem Garten entdeckte ich auf einer im Wind schaukelnden, alten Keramikfliese Worte, die sich in mein Gedächtnis tief eingeprägt haben: „Gestalte dein Leben so, dass jeder Augenblick bedeutsam ist." Natürlich habe ich mich gefragt, ob dies überhaupt möglich ist. Inzwischen behaupte ich: Wenn das Leben als Ganzes Sinn hat, dann auch der einzelne Augenblick. Zeit vergeht, ob wir sie nützen oder nicht. Für die persönliche Entfaltung aber ist Zeit nötig. So ist neben der Tatsache, dass ich am Leben bin, die mir zur Verfügung stehende Zeit das Wertvollste. Wie ich meine Zeit gestalte, dient jedoch nur dann meiner Entwicklung zur vollen menschlichen Größe, wenn es mit Rücksicht auf mein inneres Wesen geschieht. Mein Innerstes möchte sich in dem, was ich konkret tue, ausdrücken und verwirklichen.

Die ehemalige Atheistin Madeleine Delbrél (1904-64) war eine aufmerksame Beobachterin des eigenen Lebens. Bevor sie Christin wurde, konnte sie in ihrem Leben keinen Sinn entdecken. So schreibt sie als Siebzehnjährige: „Es gibt die Leute, die sich amüsieren, die die Zeit totschlagen, bis schließlich die Zeit sie totschlägt. Ich gehöre zu diesen." Wer nicht die eigene Zeit gestaltet, wird von ihr gestaltet.

# ORDNUNG IST NUR DAS HALBE LEBEN

Ich kenne Menschen, die ganz offen erklärten, es gebe in ihrer Vergangenheit Zeiten und Jahre, in denen sie nicht wirklich „gelebt" hätten. Beim näheren Hinsehen zeigte sich sogar, dass sie immer sehr diszipliniert lebten, sich nie etwas zu Schulden kommen ließen und den Erwartungen der Mitmenschen entsprechen wollten. Darin sahen manche von ihnen den Willen Gottes. Und sie versuchten, diesen auch zu verwirklichen. Es fehlte in dieser Zeit nur eines: Sie waren zumeist ohne Rücksprache mit ihrem Inneren bei dem, was sie äußerlich taten. Deshalb fühlten sie sich nicht wirklich lebendig. Ihr Leben war eben nur „halbherzig".

Wollen manche die größere Lebendigkeit etwa deshalb nicht wagen, weil sie unser Verstehen und unser Ordnungsverständnis übersteigt? Ordnung ist gut und gibt Sicherheit, ist jedoch, wie das Sprichwort sagt, nur das „halbe Leben". Wer Ausschau hält nach dem *ganzen* Leben, braucht mutiges Vertrauen, wird dafür aber reich beschenkt. Wer es wagt, sich nicht von Ängstlichkeit, sondern von der Sehnsucht leiten zu lassen, vertraut damit der ursprünglichen Lebensdynamik und lässt dieser genug Raum. Die daraus erlebte Freude wird zur Quelle neuer Lebenskraft.

Indem Madeleine Delbrél als Zwanzigjährige durch christliche Freunde erkennen konnte, „dass Gott eine lebendige Wirklichkeit ist und dass man ihn lieben kann, wie man eine menschliche Person liebt", entdeckte sie damit auch den tiefen Sinn ihres Daseins. Sie, die früher oberflächlich lebte und ihre Zeit totschlug, engagierte sich nun mit „ganzem Herzen". Ihr wurde klar, dass wir Menschen nicht nur eine „Erdung", sondern auch eine „Antenne für Unsichtbares" haben. „Ganzes Leben" braucht beides, die Erdung, also das Ernstnehmen der sichtbaren Welt, und die Antenne für unsere geistige Dimension, die in die Mitte des Herzens hineinreicht. Madeleine Delbrél war in ihrem Alltag mit Herz, Hirn und Hand engagiert, lebte voll und ganz. So verwirklichte sie ihren Lebenssinn, der zugleich die volle menschliche Entfaltung bedeutet. Durch diese ganzheitliche Lebensweise wurden für sie die Zeit, jede Minute und jeder Augenblick, unendlich wertvoll. In Madeleine wuchs die Überzeugung: „Der Mensch gebiert sich selbst zu dem, der er werden soll. In einer werdenden Welt ist jeder Mensch selber am Werden."

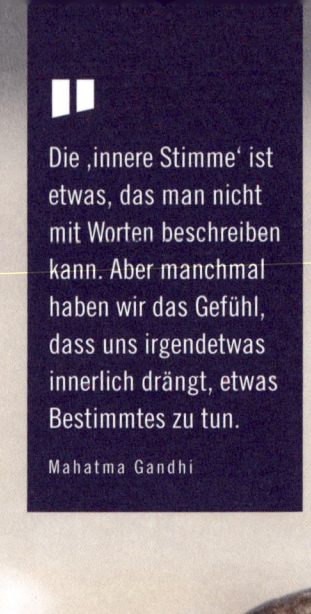

> Die ‚innere Stimme' ist etwas, das man nicht mit Worten beschreiben kann. Aber manchmal haben wir das Gefühl, dass uns irgendetwas innerlich drängt, etwas Bestimmtes zu tun.
>
> Mahatma Gandhi

LEBENSJAHRE STATT KALENDERJAHRE

# VON INNEN NACH AUSSEN

Es klingt vielleicht provokant und für manche auch etwas abstrakt, wenn ich sage, dass sich das Leben mit denen schwer tut, die sich selbst wenig einbringen. Wie aber soll sich jemand genügend einbringen, wenn der persönliche Beitrag nicht genügend wertgeschätzt wird? Vermutlich wurde zu vielen Menschen der Eindruck vermittelt, dass ihre Vorstellungen vom Leben nicht realisierbar sind und sie diese somit „vergessen" können. Dadurch kann der ursprüngliche Sinn des Lebens unwichtig und der Kontakt mit der eigenen Sehnsucht schwach werden. Diese Selbstentfremdung gilt es zu überwinden. Dazu brauchen wir Ermutigung, in uns hinein zu hören und unsere subjektive Wahrnehmung absolut ernst zu nehmen. Nur so finden wir Orientierung.

Die holländische Jüdin Etty Hillesum (1914-43), die in Auschwitz ermordet wurde, schreibt etwa ein Jahr vor ihrem Tod in ihr Tagebuch: „Die einzige Gewissheit, wie du leben sollst und was du tun musst, kann nur aus dem Brunnen aufsteigen, der aus deiner eigenen Tiefe quillt." Diese innere Gewissheit, die uns leiten will, erspüren wir im aufmerksamen Achten auf die Sehnsucht, die jedem Menschen innewohnt. Davon spricht auch Mahatma Gandhi (1869-1948), wenn er sagt: „Die ‚innere Stimme' ist etwas, das man nicht mit Worten beschreiben kann. Aber manchmal haben wir das Gefühl, dass uns irgendetwas innerlich drängt, etwas Bestimmtes zu tun."

Die zutiefst im Inneren verborgene Lebensdynamik wahrzunehmen und im konkreten Lebenskontext zum Ausdruck zu bringen, benötigt viel Mut und Geduld. Schließlich muss das Hören auf sich selbst oft auch unter Menschen praktiziert werden, die dafür wenig sensibel sind. Sehr wichtig und bestärkend sind für mich immer wieder Worte von Menschen, die in schwieriger Situation eine ganz große Treue zu sich selbst gelebt haben. Sie machen Mut, in die eigene „Seins-Mitte" hinein zu hören und sich aus dieser inspirieren zu lassen.

Das persönliche Ich
ist im Innersten der Seele ganz eigentlich zu Hause. *Wenn* es hier lebt,
dann verfügt es über die gesammelte Kraft der Seele und kann sie frei einsetzen.
Dann ist es auch dem Sinn alles Geschehens am nächsten
und aufgeschlossen für die Forderungen, die an es herantreten,
am besten geeignet, ihre Bedeutung und Tragweite zu ermessen.
Es gibt aber wenige Menschen, die so ‚gesammelt‘ leben.
Bei den meisten hat das Ich seinen Standort vielmehr an der Oberfläche,
wird wohl gelegentlich durch ‚große Ereignisse‘ erschüttert und in die Tiefe gezogen,
sucht dann auch dem Geschehen durch ein angemessenes Verhalten zu entsprechen,
kehrt aber nach längerem oder kürzerem Verweilen
doch wieder an die Oberfläche zurück. […] Aber wer gesammelt in der Tiefe lebt,
der sieht auch die ‚kleinen Dinge‘ in großen Zusammenhängen;
nur er vermag ihr Gewicht – an letzten Maßstäben gemessen –
in der richtigen Weise einzuschätzen und sein Verhalten entsprechend zu regeln.
Nur bei ihm ist die Seele auf dem Wege
zur letzten Durchformung und zur Vollendung ihres Seins.

Edith Stein

**FÜR DICH ...**

Wer es wagt, sich nicht von Ängstlichkeit, sondern von der inneren Sehnsucht leiten zu lassen, erlebt dadurch tiefere Freude und neue Lebenskraft.

**Wann bist du deiner Sehnsucht besonders treu gewesen?**

**Worauf hast du in solchen Zeiten intensiver Lebendigkeit großen Wert gelegt?**

Die eigene Lebendigkeit wächst mit einer inneren Antwort auf ein freudiges oder schmerzliches Erlebnis.

**Welche Ereignisse haben dich oder euch betroffen gemacht? Wofür haben sie eure Augen geöffnet?**

# DIE HAUPTROLLE
# IM EIGENEN LEBEN?

Manche Menschen, so scheint es, spielen nicht einmal in ihrem eigenen Leben die Hauptrolle. Schuld daran, so wird oft erklärt, sind die anderen oder die aktuellen oder früheren Umstände in der Ursprungsfamilie. Heute droht anhaltender Stress durch vielfältige Anforderungen zur Erschöpfung zu führen und mindert die Lebensfreude. Außerdem frustriert zahlreiche Menschen die Erfahrung, dass nicht einmal die Gestaltung der „Frei-Zeit" zur inneren Zufriedenheit führt. Gebe ich die Hauptrolle im eigenen Leben ab, bleibt eine innerliche Leere und ein Unbehagen.

Wie steht es nun wirklich um die Hauptrolle in deinem eigenen Leben: Wirst du von den Erwartungen anderer getrieben? Wir sollten uns zur Hauptrolle nicht nur legitimiert fühlen, sondern sogar verpflichtet wissen. Manchmal hemmt uns eine unbewusste Angst vor Entscheidungen

WAS ICH IN MEINEM
TIEFSTEN BIN,
MACHE ICH IN MEINEM
ALLTAG SICHTBAR.

Paul Weingartner

und Konsequenzen. Gibt es nicht auch so etwas wie eine innerliche Zögerlichkeit, die aus einer seelischen Bequemlichkeit kommt?

Die eigene Lebendigkeit hat ihre Wurzeln in der inneren Stellungnahme zur aktuellen Lebenssituation. Aus meinem Innersten heraus wird mir die Hauptrolle für mein Leben zugewiesen. Somit ist es nicht nur die Umwelt, die mich gestaltet, sondern ich gestalte mich selbst aus meinem Inneren heraus. In diesem Ausbildungsprozess geschieht nichts ohne meine bewusste Zustimmung. Was ich in meinem Tiefsten bin, mache ich in meinem Alltag sichtbar. So sieht es auch Martin Buber (1878-1965): „Der Vorgang in der Seele wird zum Vorgang in der Welt."

**UNERWARTET ANGEFRAGT**

Unser Alltag bringt uns immer wieder in unvorhergesehene Situationen, Begegnungen und Herausforderungen. Wenn wir beispielsweise beim Einkaufen unterwegs sind, kann uns jemand begegnen, der mit uns sprechen möchte. Und schon befinden wir uns ganz unvorbereitet in einer Situation, in der wir augenblicklich wählen müssen. Wir sehen uns angefragt und zu einer Entscheidung herausgefordert: Wie reagierst du auf Menschen und Situationen, die dich überraschen? Ist nicht die Art unserer Reaktion in unerwarteten Situationen eine Aussage über unsere innere Befindlichkeit? Die Dichterin Marie Ebner von Eschenbach (1830-1916) meint: „Den Wert von Diamanten und Menschen kann man erst ermitteln, wenn man beide aus der Fassung bringt." Manche Umstände und Situationen mischen sich recht überraschend und ungelegen in unser Lebenskonzept. Da bleibt keine Wahl, wir müssen uns deklarieren. Ob so oder anders, die Situation fordert zumindest unsere innere Stellungnahme.

Auf den ersten Blick gibt es Biographien, die äußerlich betrachtet ziemlich „geradlinig" verlaufen und solche, die sich durch vielfältige Veränderungen auszeichnen. Durch die wechselnden Umstände wird den Betroffenen große Aufmerksamkeit und hohe Flexibilität, also sehr oft eine innere Stellungnahme, abverlangt. Lebt jemand in recht geordneten Bahnen, ist eine doppelte Achtsamkeit nötig, um die belebende innere Stellungnahme nicht zu vernachlässigen.

Wie geht es dir, wenn du durch Menschen, durch Krankheit, durch Arbeitslosigkeit oder durch ein Unglück aus dem Konzept oder sogar aus der Fassung gebracht wirst?

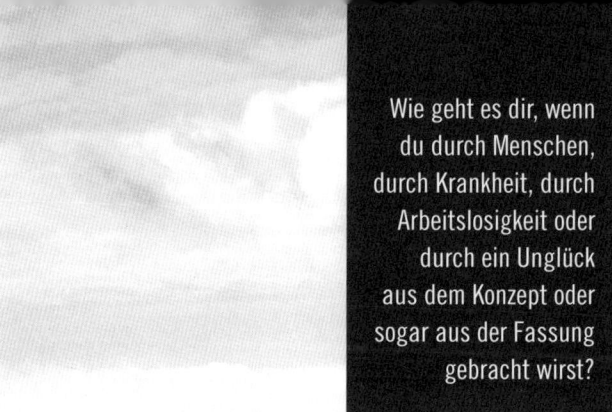

Wie geht es dir, wenn du durch Menschen, durch Krankheit, durch Arbeitslosigkeit oder durch ein Unglück aus dem Konzept oder sogar aus der Fassung gebracht wirst?

DEN WERT VON **DIAMANTEN** UND **MENSCHEN** KANN MAN ERST ERMITTELN, WENN MAN BEIDE AUS DER FASSUNG BRINGT.

Marie Ebner
von Eschenbach

INNERE STELLUNGNAHME GEFRAGT

# PERSÖNLICHKEIT MIT PROFIL

Wir sind so,
wie wir reagieren.

Paul Weingartner

Unseren äußeren Reaktionen und Handlungen, für die wir uns entscheiden, gehen in der Regel bereits früher getroffene innere Entscheidungen voraus. Vereinfacht ausgedrückt: Wir sind so, wie wir reagieren. Und *wie* wir sind, sind wir nicht zufällig geworden. Wer wir sind, sind wir auch durch Entscheidungen, die wir in der Vergangenheit getroffen haben. Die heutige spontane und wenig überlegte Reaktion „orientiert" sich an früheren Entscheidungen. Sie wird durch die Einstellung zu Werten, wie der Aufrichtigkeit und der Haltung den Mitmenschen gegenüber, beeinflusst.

Auch Unentschiedene haben sich entschieden, nämlich vorerst einmal ohne Entscheidung zu bleiben. „Entscheidungs-Verweigerer", die am liebsten dauerhaft unverbindlich leben möchten, werden weder sich noch andere Menschen gut kennenlernen. Persönlichkeiten wachsen heran, indem sie in Treue zu sich selbst entscheiden. Wer sich deklariert, stärkt den Charakter und die persönliche Festigkeit. So bildet sich Profil aus.

Dazu ein praktischer Vergleich aus meiner früheren Arbeit mit Autos: Die Reifen verlieren mit zunehmender Kilometerzahl ihr Profil und werden unbrauchbar. In unserem Leben muss es genau umgekehrt sein. Unser Anliegen ist es daher, im Laufe der Jahre an Profil zu gewinnen. Indem wir uns „profilieren", also in Treue zu uns den Weg gehen, gewinnen wir an innerer Stärke. Wir bekommen mehr und mehr Profil. Und das benötigen wir, um auch unter unbefriedigenden Bedingungen auf einem guten Weg bleiben zu können. Edith Stein verwendet den sehr interessanten Ausdruck „heilige Sachlichkeit". Sie meint damit die Fähigkeit der Seele, die äußeren Gegebenheiten unverfälscht wahrzunehmen. Die Seele reagiert auf die gegenwärtige Situation in großer Klarheit und ohne verkehrte Hemmungen, also gesund, somit heilig und sachlich.

> Wir dürfen die Sehnsucht wie eine Vorahnung verstehen, wie einen Hinweis auf das, was sich erfüllen soll.
>
> Paul Weingartner

**05**

# MEHR ALS EIN MOMENTANER WUNSCH

> FRAGE DICH NICHT, WAS DIE WELT BRAUCHT. FRAGE DICH LIEBER, WAS DICH **LEBENDIG** MACHT UND DANN GEH HIN UND TU DAS ENTSPRECHENDE. DENN DIE WELT BRAUCHT NICHTS SO SEHR WIE MENSCHEN, DIE **LEBENDIG GEWORDEN** SIND.
>
> Gil Bailie

„Ich wünsche dir, dass du immer deiner innersten Überzeugung treu bleiben kannst!" – Damals war ich 20 Jahre jung, als mir meine älteste Schwester in einem Brief diese Worte schrieb. Mit großer Freude fühle ich mich ihnen bis heute verpflichtet – und je länger, desto mehr. Anlass des Briefes war meine Entscheidung, den Beruf als Karosseriespengler zu beenden, um wieder die Schulbank zu drücken, mit dem Ziel, Priester zu werden. Seither habe ich über 35 Lebensjahre lang Tag für Tag aufmerksam versucht, meiner innersten Überzeugung treu zu bleiben. Das erfüllt mich mit großer Zufriedenheit und tiefer Dankbarkeit. Ich erlebe, dass ich mit der „Treue zu mir" zuallererst mir selbst viel Gutes tue. Hinsichtlich dieser Treue, die mich innerlich aufleben lässt, gibt es keine Pause, keine Stellvertretung und keine Freistellung. Es gibt nur ein Wachsen. Das Bemühen um Treue erlebe ich primär nicht als einen geistigen Kraftakt, sondern vielmehr als ein Fragen, auf welche Weise ich dem Leben am besten dienen kann. Ich erlebe und beobachte, dass etwas in mir von innen heraus zur Verwirklichung drängt. Dieser Prozess der Verwirklichung erfüllt mich mit Freude und Kraft.

Eine Bestätigung, die uns ermutigen soll, finden wir in den Worten des zeitgenössischen amerikanischen Philosophen und Theologen Gil Bailie: „Frage dich nicht, was die Welt braucht. Frage dich lieber, was dich lebendig macht und dann geh hin und tu das Entsprechende. Denn die Welt braucht nichts so sehr wie Menschen, die lebendig geworden sind."

Wirkliche Lebendigkeit ist für mich gleichbedeutend mit sinnerfülltem Leben, welches Jesus als „Leben in Fülle" (vgl. Johannes 10,10) bezeichnet. Thérèse von Lisieux (1873-97) spricht davon, dass Gott ihr die Sehnsucht nicht ins Herz gelegt hätte, wenn er sie nicht auch erfüllen würde. Wir dürfen die Sehnsucht wie eine Vorahnung verstehen, wie einen Hinweis auf das, was sich verwirklichen soll. Damit sich diese tiefe Sehnsucht erfüllen kann, braucht es unsererseits den vollen Einsatz, wie auch Thérèse alles gegeben hat.

Als Kind hat jeder Mensch ein Sehnen
nach einem großen Glück, das ihm das Leben bringen soll;
und nachher verlieren es die meisten Menschen,
weil sie ihr Sehnen auf kleine Erfolge und Eitelkeiten einstellen
und sich einreden lassen, das große Glück, nach dem sie sich sehnten,
sei eben nur ein Kindertraum gewesen, statt dass sie sich sagen:
Ich will es finden, – nicht so, wie ich es mir als Kind gedacht –,
aber dennoch finden, so wie es sein muss.
Das Sein wie ein Kind […] ist, ganz allgemein gesagt,
eine Einfachheit und Ursprünglichkeit des Denkens, Empfindens und Wollens,
das wir uns wahren und immer wieder erwerben müssen,
um nicht durch das, was von außen auf uns wirkt, irre zu werden.

Albert Schweitzer (1875-1965)

Auch Unentschiedene haben sich entschieden, nämlich vorerst einmal ohne Entscheidung zu bleiben. „Entscheidungs-Verweigerer", die am liebsten dauerhaft unverbindlich leben möchten, werden weder sich selbst, noch andere Menschen gut kennenlernen. Persönlichkeiten wachsen heran, indem sie in Treue zu sich entscheiden.

**Wie hast du Entscheidungsphasen erlebt, in denen du dir treu sein konntest, obwohl es vielleicht sehr schwierig war?**
**Worauf wolltest du auf keinen Fall verzichten?**

Längere Zeit im eigenen Leben nicht die Hauptrolle zu spielen, führt in die Selbstentfremdung. „Selbst-Entfremdung" meint, ohne Beziehung zum Innersten zu leben oder mit der Seele im Streit zu liegen. Es gibt vieles, das uns von unserem innersten Wesen ablenken kann.

**Wie könnt ihr einander unterstützen und gemeinsam Möglichkeiten schaffen, damit ihr guten Kontakt zur eigenen Mitte habt?**

# BEGEISTERT FÜR
# DAS EIGENE LEBEN

Es gibt die Behauptung: „Außer in Krisenzeiten tendiert jede Gesellschaft zur Mittelmäßigkeit." Teilst du diese Meinung? Und vor allem, genügt dir persönlich die Mittelmäßigkeit? Wer den Wert des Lebens und der eigenen Lebenszeit erkannt hat, gibt sich nicht mehr mit *Mittelmäßigkeit* zufrieden, sondern ist berechtigterweise anspruchsvoll geworden. Deshalb richtet sich der geistige Blick dorthin, wo das Leben pulsiert. Das ist immer dort, wo sich gute Möglichkeiten zeigen, ich mich persönlich angesprochen fühle und dazu innerlich Stellung beziehe.

> Wer den Wert des Lebens und der eigenen Lebenszeit erkannt hat, gibt sich nicht mehr mit Mittelmäßigkeit zufrieden, sondern ist berechtigterweise anspruchsvoll geworden.
>
> Paul Weingartner

Jemand meinte, dass jene Menschen, die sich wenig engagieren, sich selbst durch ein nur mittelmäßiges Leben bestrafen. Mittelmäßigkeit führt häufig zu Frustration. Mir tut es innerlich weh, wenn mir Menschen begegnen, die wenig Lebendigkeit ausstrahlen. Dann frage ich mich, wie sie für ihr eigenes Leben begeistert werden können. Ich habe den Eindruck, diese nehmen sich selbst nicht genügend ernst und wichtig. Mag sein, dass sie von ihrer Mitwelt oder von guten Fügungen vergeblich etwas erwarten, was sie eigentlich selbst beitragen müssen.

LEBEN, DAS LEBEN WILL

# ABENTEUER ‚LEBEN' –
# INTERESSIERT ODER ENGAGIERT?

Ich bin Leben,
das leben will,
inmitten von Leben,
das leben will.

Albert Schweitzer

Wer sich und die Frage nach dem Sinn des Lebens genügend ernst nimmt, findet Antwort. Sich mit seinen eigenen Fragen radikal ernst nehmen, bedeutet, den Fragen des Lebens tatsächlich auf den Grund zu gehen. Mit allen Sinnen in den Zusammenhängen des eigenen Lebens zu lesen, führt zum Verstehen. Es lohnt sich, dafür aktiv die gesamte Existenz einzusetzen, anstatt nur passiv auf „Erleuchtung" zu warten.

Es verhält sich so ähnlich, wie es Bergsteiger erleben oder Menschen, die in einer Ausbildung stehen: Erst indem ich mitmache, komme ich zur Gipfelerfahrung und zum Erfolgserlebnis. Sehr treffend ist auch der Vergleich mit einer Beziehung: Je mehr ich persönlich investiere, desto mehr wächst sie und kann sich zunehmend entfalten. Wer sich dabei mit ganzem Herzen und mit all seiner Kraft einbringt, trägt zum guten Gelingen bei und darf erleben, wie schön und erfüllend sie sein kann. Wenn wir dies auf unser gesamtes Leben übertragen, werden wir das gleiche Phänomen beobachten: Wer sich für das Leben bloß *interessiert,* sich aber für dieses nicht voll *engagiert,* wird jenes intensive Lebensgefühl wohl nie erfahren.

Echtes Interesse darf jedoch schon als guter Anfang gesehen werden. "Inter-esse" (lat.) meint ja so viel wie „dazwischen sein" oder „dabei sein". Interessierte können sehr wohl bemüht sein, sich zu beteiligen, sind deswegen aber noch nicht persönlich berührt. Das Leben will existenzielle Betroffenheit und ganzen Einsatz, also dass wir unsere gesamte Existenz ins Spiel bringen. Lebendigkeit erwächst und entfaltet sich aus dem persönlichen Totaleinsatz, der zu einem persönlichen Erleben führt. Es ist ein großer Unterschied, ob ich selbst mit dem Fallschirm aus dem Flugzeug springe oder ob ich mir den Sprung „aus zweiter Hand" im Heimkino ansehe. Auch wer selbst auf Berggipfeln oder auf Bühnen steht, wird anders und tiefer empfinden als die Betrachter von Gipfelfotos oder die Zuschauer im Theater. Je größer die innere Anteilnahme und je existenzieller der Einsatz ist, desto erfüllender wird das Erlebnis. Dass wir alle die volle Lebendigkeit suchen, hat Albert Schweitzer sehr treffend ins Wort gebracht: „Ich bin Leben, das leben will, inmitten von Leben, das leben will."

06

# WER EMPFINDET, HAT RICHTIG GESEHEN

WER NICHT AUCH MIT
DEM **HERZEN** EMPFINDET,
DER SIEHT NUR UNVOLLSTÄNDIG.

Paul Weingartner

Henry David Thoreau, der darauf hinweist, dass die gute Wahrnehmung unser Lebensgefühl steigert, ist überzeugt: „Wer etwas nicht empfunden hat, der hat es nicht gesehen." Erst ein „Wahr-Nehmen" mit allen Sinnen meint, mit „offenen Augen" zu sehen. Nur dieses kann zu einer inneren Anteilnahme und einem persönlichen Erleben führen. Somit kann jemand erst aufgrund einer inneren Empfindung sagen: „Ich habe etwas gesehen, erkannt und erlebt." Dem entspricht das Wort von Antoine de Saint-Exupéry (1900-44): „Man sieht nur mit dem Herzen gut." Die Orientierung für die Gestaltung des Lebens benötigt auch die Augen des Herzens. Wer das Herz außer Acht lässt, nimmt unvollständig wahr, empfindet unzureichend und reagiert daher unangemessen. Ein angemessenes Reagieren ist immer auch ein gelungener Beitrag für die Mitwelt. Wenn wir auf unser Herz achten und ihm ein Recht auf Mitsprache einräumen, dann wird es uns auch wissen lassen, ob ihm entsprochen wird. Tiefe Zufriedenheit, Freude und Dankbarkeit erreichen wir nicht alleine durch einen guten oder starken Willen. Es braucht den aus dem Herzen erleuchteten Willen. Dieser ermöglicht die Verwirklichung von Vorhaben, die auch auf das Wohl anderer achten.

Antworten auf Fragen, welche die Gestaltung des Lebens betreffen, werden also immer vom „herzlichen" Engagement der Fragenden abhängen. Wer sich auf das Leben oder auf eine Beziehung noch nicht einlassen will, darf auch keine Antwort erwarten. Denn die Antwort wird *erlebt* und nicht erdacht. Wer sich Tag für Tag als fragender Mensch leidenschaftlich ernst nimmt und sich in einem „Total-Experiment" auf das Leben einlässt, wird die Antwort nicht hören, sondern erleben. Das Leben selbst gibt die Antwort, ja noch mehr: das Leben selbst *ist* die Antwort! Die Gesamtheit des Lebens ist für unser Denken und unsere Sprache unfassbar. Auch die Gefühle können nur unzureichend Auskunft geben. Und doch gibt es ein inneres Erkennen und tiefes Wissen, das uns vom Reichtum des Lebens erzählen will. Es ist unser Herz, durch das wir mit der unsichtbaren geistigen Welt Gottes in Beziehung stehen und aus dem sich das Leben mitteilt. Mit dem Herzen hörend und sehend, empfinden wir tiefer und sind ganzheitlich lebendig bis in die Fingerspitzen.

# MOTIVATION MACHT KÖNNEN MÖGLICH

Wenn mir ein körperlich gesunder und kräftiger Mensch mit wenig Freude an Bewegung zu erklären versucht, er sei aus körperlichen Gründen nicht in der Lage, Berge zu besteigen, so glaube ich ihm nicht. Den Hauptgrund dafür, dass er nicht auf Berge geht, sehe ich nicht in seiner physischen Konstitution, sondern in seiner momentanen geistigen Einstellung. Würde er jedoch Gefallen am Bergsteigen finden, könnte er rasch erleben, dass er dazu auch die nötige Kraft hat. Er könnte gleichzeitig bemerken, dass sogar seine Kondition spürbar zunimmt. Auch ein früher als zu hoch eingeschätzter Gipfel kann nun erreicht werden. Erst im Tun entfaltet und zeigt sich, wozu wir tatsächlich fähig sind. Motivation und Ausdauer sind die Mittel, die unser Können Wirklichkeit werden lassen.

Der Grund, warum viele Menschen große Unternehmungen unterlassen, ist meist nicht ihr Unvermögen, sondern schlicht und einfach ihr Desinteresse. Und ich habe den Eindruck, dass sich viele Menschen sogar für das eigene Leben kaum interessieren. Zu wenige haben die Motivation, sich intensiv über die höchste Entfaltung des Menschseins Gedanken zu machen. Es darf daher nicht verwundern, dass mittelmäßig motiviert Fragende nur mittelmäßige Antworten finden.

> **Erst im Tun entfaltet und zeigt sich, wozu wir tatsächlich fähig sind.**
>
> Paul Weingartner

Ich bin mir darüber hinaus sicher, dass die Einmaligkeit unseres Lebens nach einer für uns maßgeschneiderten Lebensweise verlangt. Diese ist für unsere Entfaltung am besten. Gleichzeitig ist sie auch das Beste für unsere Mitmenschen, die wir mit unseren Talenten beschenken und zu ihrer eigenen Lebensverwirklichung „provozieren". Deshalb ist ein „Total-Engagement" die einzig angemessene Antwort und Lebensweise. Unser Dasein ist eine ständige Einladung an uns, das Leben ganz zu bejahen und somit voll zu entfalten. Wer sich innerlich und äußerlich engagiert, verliert sich nicht im Denken, sondern findet zu mehr Lebendigkeit und größerer Lebensfreude. Wie erst durch Bewegung die Muskeln gestärkt werden, so wächst durch höchst persönliches Engagement die Lebenskraft. Unerreichbar Erschienenes rückt näher und wird möglich.

Meine Mutter sagt: Du bist zu klein.
Der Lehrer meint: Du bist schwer von Begriff.
Der Pfarrer schimpft: Du bist verdorben.
Meine Kameraden lachen: Du hast verloren.
Der Berufsberater weiß: Du bist nicht geeignet.
Der Meister bestimmt: Der andere ist besser.
Der Leutnant brüllt: Du hast keine Haltung.
Gott sagt: Du bist mir ähnlich.
Gott sei Dank!

Urs Boller

Wer das Herz außer Acht lässt,
nimmt unvollständig wahr,
empfindet unzureichend
und reagiert daher unangemessen.

**In welchen Bereichen deines Lebens
willst du auf die Erwartungen deines
Herzens besonders achten?**

**Was müsste sein, dass dein Herz
immer mitgestalten kann?**

Mit Gipfelerlebnissen werden Erfahrungen beschrieben, die über
Alltagssituationen hinausführen. Einerseits verdanken wir sie dem
persönlichen Einsatz, andererseits haben sie Geschenkcharakter.
Jeder hat Gipfelerlebnisse. Sie lassen uns erahnen,
in welche Richtung wir unterwegs sein wollen.

**Welche eurer Erfahrungen sind mit einem Gipfelerlebnis
vergleichbar und was sind die Gemeinsamkeiten?
Wie habt ihr diese empfunden?**

# DIE BESSERE
# UNZUFRIEDENHEIT

Es ist keineswegs sicher, dass sich jeder Mensch intensiv mit dem Sinn seines Lebens beschäftigt. Die Frage nach unseren höchsten Zielen bleibt allzu oft ein Randthema. Ich meine, dass zu viele Menschen in einer verkehrten Weise anspruchslos gegenüber den eigenen Möglichkeiten ihres Lebens sind. Vielleicht auch nur deshalb, weil sie erst wenigen begegnet sind, die ihre Persönlichkeit gut entfaltet haben. Weil sie niemand für das Bessere begeistert hat, verbringen sie dementsprechend erwartungslos ihre Zeit. Vorschnell finden sie sich mit einer inneren „Dauer-Unzufriedenheit" ab. Es ist auch möglich, innerlich sogar heimlich oder fast unbemerkt zu resignieren. Die Gewöhnung an diese innere „Dauer-Frustration" kann soweit führen, dass diese schließlich kaum mehr verspürt wird.

Mag auch die *unbewusst* gewordene Unzufriedenheit „angenehmer" sein, so ist doch die bewusst gebliebene Unzufriedenheit seelisch viel gesünder, auch wenn sie schmerzt. Denn hinter einer seelischen „Not", die den Betroffenen nicht mehr bewusst ist und an der gar nicht mehr gelitten wird, liegen drei Nöte: *Erstens* der ungestillte Hunger der Seele. *Zweitens* die innere Unzufriedenheit, die nicht mehr gespürt und daher nicht erkannt wird. Und *drittens* das Gefühl, es sei ohnedies „alles in Ordnung". Wenn also kein Unbehagen unzufrieden macht, kann dieses auch nicht zur Veränderung motivieren. Es gibt somit keinen Anlass, die aktuelle Situation zu hinterfragen, um größere Klarheit zu bekommen. Und darin sehe ich das Hauptproblem. Von einer weit verbreiteten geistigen Orientierungslosigkeit und ihren Folgen spricht Edith Stein im Jahr 1928 in einem Vortrag: „Was ist denn die große Krankheit unserer Zeit und unseres Volkes? Bei der großen Masse der Menschen ist es eine innere Zerrissenheit, ein völliger Mangel an festen Überzeugungen und festen Grundsätzen, haltloses Getriebenwerden und aus der Unbefriedigung eines solchen Daseins heraus ein Betäubungssuchen in immer neuen, immer raffinierteren Genüssen."

Wäre es also nicht viel gesünder, den ungestillten Lebenshunger und die Unzufriedenheit bewusst vor Augen zu haben und darauf angemessen zu reagieren, anstatt sich zu „narkotisieren"? Kein Arzt verordnet einem ausgehungerten Menschen beruhigende Medikamente gegen den Hunger. Viel mehr wird er für ein gesundes und ausreichendes Essen sorgen. Das Hungergefühl ist, auch wenn es schmerzt, eine gesunde Empfindung. Die Hilfe liegt also nicht in der Betäubung des Symptoms „Hungergefühl", sondern in der Bereitstellung der rechten Nahrung, die den Hunger selbst stillt.

Hinsichtlich der Erwartungen unserer Seele müssen wir bedenken, was der vielleicht bekannte Spruch meint: „Wenn die Seele hungert, kann man sie nicht mit Wohlstand nähren." Die bewusste Unzufriedenheit ist eine akzeptable und kreative Unzufriedenheit, denn sie ist ein Hungergefühl der Seele. Die tiefe Sehnsucht leitet uns an, auf den Hunger unserer Seele in gesunder Weise zu reagieren.

## 07

# LICHT DURCH ‚KREATIVE LANGEWEILE'

Ein oberflächliches Schauen auf andere Menschen und so zu leben, wie es die meisten tun, genügt nicht. Sie geben uns noch nicht das „Spezialwissen", um die eigene Lebensspur zu entdecken. Wie kompetent wir werden, hängt wesentlich von unserem persönlichen Interesse und unserem eigenen Einsatz ab. Nur wer die angeborenen Begabungen, auch wenn sie sich erst ansatzweise zeigen, voll und ganz einsetzt, geht unaufhaltsam der Verwirklichung seiner persönlichen Größe entgegen. Die so Engagierten erleben, was Jesus mit den Worten meint: „Wer hat, dem wird gegeben." (Markus 4,25)

Zahlreich sind die Philosophen und Autoren, die davon sprechen, dass es neben allem äußeren Engagement unbedingt auch die Ruhe, die Stille, die innere Sammlung und den Kontakt mit der eigenen „Person-Mitte" braucht. Mein ehemaliger Philosophieprofessor meinte: „Wer unfähig ist, eine gewisse Langeweile zu ertragen, wird nie den Durchbruch zu tiefer Einsicht und zur Weisheit erlangen." Die Psychoanalytikerin Veronica Gradl (*1934) sieht im guten Dialog mit sich selbst und mit anderen den Weg zu echter Lebendigkeit. Auch sie spricht von der Gefahr, sich in der Fülle der Angebote zu verlieren, anstatt *durch* diese, beziehungsweise auch *ohne* diese, *sich* zu finden: „Es gibt viel zu viel Spielzeug, zu viel Stress, zu viel Lärm, zu viele Bilder, zu wenig Bewegungsraum, zu wenig selbstvergessenes Spiel, zu wenig schöpferische Langeweile." Damit wir mit der eigenen Seele nicht im Streit liegen und die eigene Lebensspur wahrnehmen können, sind wir mit genügend natürlichem Feingefühl ausgestattet. Dieses feine Gespür für das, was dem eigenen Leben gut tut, ist wie ein inneres Auge und ein inneres Ohr, mit denen wir die Befindlichkeit der

Seele erkennen können. Wir haben die Tendenz, schmerzliche „Dinge" in uns zu ignorieren und zu verdrängen. Wollen wir dem entgegensteuern und auch leidvolle Aspekte unseres Lebens zulassen, so braucht dies unsere Willensentscheidung. Es lohnt sich, denn das Durchschreiten von Schmerzzonen kann mich wieder zu jenen mir zustehenden Möglichkeiten führen, die mir vor der Verletzung näher waren. Auf die große Behutsamkeit, mit der ich meiner Seele begegnen soll und durch die ich ein „Gespür" für das persönlich Richtige bekomme, macht der evangelische Theologe Jörg Zink (*1922) aufmerksam: „Man muss sich mit den zarten und verletzlichen Dingen beschäftigen, will man sich selbst verstehen und hinter die heimliche Weisung kommen, die unseren Lebensweg bestimmen will."

Anzeichen für „meine Lebensspur" und Leuchtfeuer, die auch bei dichtem Nebel zahlreicher Schwierigkeiten sichtbar bleiben, sehe ich in einem inneren Aufleben. Wir sind dann auf dem besten Weg, wenn wir innerlich so etwas verspüren, wie: Ein Konflikt hat ein Ende gefunden. Ich bin innerlich entlastet und freier. Ich kann aufatmen. Ich habe größeren Frieden mit mir und ich bin mir treuer geworden. Unwillkürlich und unaufhaltsam führt das innere Aufleben zu größerer Freude, neuer Kraft und wachsendem Selbstvertrauen.

# BALLAST ABWERFEN

Der italienische Bildhauer Michelangelo (1475-1564) wurde einmal gefragt, wie er es denn anstelle, so lebensnahe Statuen und Skulpturen aus Stein zu schaffen. Der Meister meinte nur: „Es ist ganz einfach. Ich schlage alles weg, was nicht dazugehört." Wir können diese Worte auf uns selbst übertragen. Wenn wir frei werden von allem, was nicht wesentlich zu uns gehört, also von Ballast, kann sich unsere ursprüngliche Schönheit und Lebendigkeit zeigen. Unter Ballast verstehe ich jene Beeinträchtigungen, die verhindern, uns dem Lebensmodell Jesu anzugleichen. Dieses Anliegen findet einen schönen Ausdruck im Gebet eines Mönchs aus dem 12. Jahrhundert: „Guter Gott, hilf mir, dass ich wieder so werde, wie früher, bevor ich mich an die Welt angepasst habe."

Damit ich also ganz „ich selbst" werde, so wie Gott mich gedacht hat, muss ich in dreifacher Weise von Ballast frei sein:

Erstens: Frei von unnötigen Ängsten – Neben der gesunden Angst, welche hilft, sich in bedrohlichen Situationen zu schützen, gibt es auch unnötige Ängste. Diese können aufgrund einer ungewiss erscheinenden Zukunft oder aus dem Gefühl einer Überforderung über uns kommen. Eine der folgenschwersten Ängste ist das Gefühl, zu kurz zu kommen. Sie macht egoistisch und aggressiv. Angst beeinträchtigt unser Leben und unser geistiges Wachsen. Ihretwegen können wir nur mühsam zu der Größe kommen, die Gott uns zugedacht hat. Damit wir mutig das Bessere verwirklichen, spricht uns Gott in der Bibel unzählige Male Lebensmut zu: „Hab keine Angst!" – „Fürchte dich nicht!"

Zweitens: Frei von Schuldgefühlen – Solche Gefühle verhindern tiefe Freude und hemmen unsere Kraft. Bei berechtigten Schuldgefühlen finden wir durch bewusstes Erkennen unseres Versagens und durch die Bitte um Vergebung zum inneren Frieden. Es gibt aber auch unberechtigte Schuldgefühle, die uns empfinden lassen, als wären wir schuldig geworden. Diese belasten und lähmen das Leben. Nur eine gründliche Analyse der Ursache von Schuldgefühlen macht Unterscheidung möglich. Das Hören auf die innerste Mitte bleibt unverzichtbar, um Schuldgefühle aufzuspüren und sich davon zu lösen. Unangemessene Erwartungen uns gegenüber müssen wir als solche erkennen, damit wir ihnen zu Recht nicht nachkommen.

Drittens: Frei von Unentschlossenheit – Die Unschlüssigkeit verbraucht wertvolle Zeit und Kraft. Wer einen anstehenden Schritt, der zuerst innerlich und danach äußerlich zu vollziehen ist, über längere Zeit verweigert, wird unzufrieden werden. Das Leben ist ständig im Wandel. In der Vergangenheit Sinnvolles ruft oft in der Gegenwart und in der Zukunft nach Veränderung. Es ist unsere Aufgabe, den Wandel mitzuvollziehen. Das verlangt eine Entscheidung. Werden eigene Festlegungen entsprechend der Notwendigkeit aufgegeben, führt dies zu neuer Freiheit und Zufriedenheit. Mit Recht sind wir unzufrieden mit etwas, das dringend verbessert werden muss. Wird unser persönlicher Beitrag gebraucht, so sind wir dazu auch verpflichtet. Wenn wir aber die Mühe scheuen und unser Mögliches nicht einbringen, folgt daraus bald eine Unzufriedenheit mit uns selbst. Aus solch zweifacher Unzufriedenheit, sowohl mit den Umständen als auch mit uns selbst, sollen wir ausziehen, indem wir Neues wagen. „Nehmt Neuland unter den Pflug!", ruft der Prophet dem Volk Israel zu (Hosea 10,12). Er meint nicht primär ein äußeres Weggehen aus einer schwierigen Situation, sondern vielmehr das Setzen eines inneren, geistigen Schrittes, dem ein aktives Handeln folgt. Diese Entschlossenheit führt in „neues Land", eröffnet neue Perspektiven, und weitet den persönlichen Handlungsspielraum.

# ENTSCHEIDUNG OHNE STELLVERTRETUNG

Es liegt an uns, wie wir zur jeweiligen Situation stehen und wie wir reagieren. In jedem Fall aber sind wir aufgefordert, innerlich Stellung zu beziehen, was bereits ein erstes inneres Handeln ist. Denn erst dadurch öffnen wir das Tor zum Raum innerer Klarheit und Zufriedenheit. Hinsichtlich der persönlichen Konsequenz und der Treue zur eigenen Mitte kann uns niemand vertreten.

Jeder Schritt, der innere wie der äußere, setzt eine Entscheidung voraus. Teresa von Avila (1515-82) betont immer wieder, wie notwendig die Entscheidungen für unseren Weg sind. Sie spricht sogar von einer „entschlossenen Entschlossenheit". Entschlossene Menschen werden nicht vom Sog der Zeit mitgenommen, sondern bleiben sich und ihrer Überzeugung treu.

Persönliche Lebendigkeit und Lebenssinn kommen weniger durch die Lebensumstände als viel mehr aus dem Inneren und der Lebenseinstellung. Von den Heiligen sagt man, dass sie in ihrem Wahrnehmen, Glauben, Denken und Handeln konsequenter seien als die „Durchschnitts-Christen".

PERSÖNLICHE LEBENDIGKEIT UND
LEBENSSINN KOMMEN WENIGER
DURCH DIE LEBENSUMSTÄNDE
ALS VIEL MEHR AUS DEM INNEREN
UND DER LEBENSEINSTELLUNG .

Paul Weingartner

Der Mensch

ist dazu berufen, in seinem Innersten zu leben

und sich selbst so in die Hand zu nehmen,

wie es nur von hier aus möglich ist; nur von hier aus

ist auch die rechte Auseinandersetzung mit der Welt möglich;

nur von hier aus kann er den Platz in der Welt finden,

der ihm zugedacht ist.

Bei all dem durch-„schaut" er sein Innerstes niemals ganz.

Es ist ein Geheimnis Gottes,

das Er allein entschleiern kann, so weit es Ihm gefällt.

Dennoch ist dem Menschen sein Innerstes in die Hand gegeben;

er kann in vollkommener Freiheit darüber verfügen,

aber er hat auch die Pflicht, es als ein kostbares

anvertrautes Gut zu bewahren.

Edith Stein

Wenn wir frei werden von allem, was nicht wesentlich zu uns gehört, also von Ballast, kann sich unsere ursprüngliche Schönheit und Lebendigkeit zeigen. Unter Ballast verstehe ich jene Beeinträchtigungen, die verhindern, uns dem Lebensmodell Jesu anzugleichen.

**Gibt es in deinem Leben, neben den sinnvollen und anstrengenden Aufgaben, auch etwas, das du als sinnlose Last empfindest? In welchen Bereichen tut es dir persönlich gut, Ballast abzuwerfen?**

Wohlbefinden kommt aus der Rücksicht auf unsere wesentlichen seelischen und körperlichen Bedürfnisse.

**Welche Bedürfnisse verlangen für eure Zufriedenheit besondere Beachtung?**

**Was könnt ihr von anderen für euer Wohlfühlen erwarten?**

# Einsicht vor Aussicht

## WIE DIE EINSICHTEN, SO DIE AUSSICHTEN

Wenn du das Gleichnis vom Barmherzigen Vater gerade nicht vor Augen hast, lohnt es sich, zunächst den Reisebericht über den jüngeren Sohn beim Evangelisten Lukas (Lk 15,11-24) nachzulesen. Interessant ist es, sich in die Situation des jungen Mannes einzufühlen, um etwas von seinen inneren Empfindungen zu erspüren. In dieser Erzählung vom Sohn, der erst durch sein Fortgehen richtig heimkommt, zeigt uns Jesus, wie durch den Blick nach innen eine seelische und äußere Not zum Guten gewendet wird. Der „Ausreißer" geht von seinem Vaterhaus fort – sein *erster* Weg. Und er kommt wieder nach Hause – sein *dritter* Weg. Wo aber ist sein *zweiter* Weg?

Der erste Weg führt den jungen Mann, noch bevor er bei sich selbst zuhause war, in die Ferne. Der dritte Weg führt ihn zurück, zur früheren, jetzt aber auch neuen Heimat beim Vater. Zwischen dem ersten und dem dritten Weg aber gibt es ausreichend Anlass und Zeit für den zweiten Weg. Diesen zu entdecken und zu beschreiten ist für sein weiteres Leben ausschlaggebend.

> **Da ging er in sich.**
>
> Lukas 15,17

Nachdem der junge Mann den Leidensdruck seiner schlechten Lebensverhältnisse nicht mehr ertragen will, heißt es kurz und kompakt in der Bibel: „Da ging er in sich" (Lukas 15,17). Weil all seine Reserven aufgebraucht sind, die Fremde ihm zu teuer geworden ist und er zudem sehr unfreundlich behandelt wird, hält er Ausschau nach seinem „inneren Reiseproviant". Heimatgefühle und die Sehnsucht nach dem Besseren leiten den Ausreißer hinein in seine eigene Mitte. Die Situation, die den jungen Mann seine Grenzen erleben lässt, öffnet ihm die Augen für den bedeutendsten Weg seines Lebens. Die „Sackgasse der äußeren Not" versperrt ihm keineswegs den Gedankenweg zu sich selbst. Anstatt zu verzweifeln, beschreitet der Suchende diesen Weg und entdeckt in sich ein richtiges Zuhause für seine Gedanken. Er findet nicht nur Zukunft, sondern auch den besten Aussichtsplatz zur Orientierung für sein weiteres Leben.

EINSICHT VOR AUSSICHT

# BETRETEN SEHR ERWÜNSCHT!

Für diesen Weg ins Innere, also der „Innenwelt-Erfahrung", ist keine ehrgeizige Kraftanstrengung nötig, auch keine spirituelle Leistung, sondern ein Vertrauensschritt in die persönliche Tiefe und Mitte des Lebens. Zum Entdecken und Erschließen deiner eigenen Innenwelt, die uns zum Betreten und Bewohnen gegeben ist, braucht es kein Geld, sondern Vertrauen und Mut. Schließlich ist diese Innenwelt, obwohl sie in uns ist, auch Neuland. Um es zu beschreiten, bedarf es keiner Zustimmung anderer. Denn dieser ureigenste Bereich, der unsere Wesensmitte ausmacht, gehört zu jedem Menschen seit seiner Zeugung. Daher muss keine Genehmigung zur Einreise eingeholt werden. Auch droht kein Schild: „Betreten verboten!" Ganz im Gegenteil, es heißt: „Betreten sehr erwünscht!"

Wer, wie der junge Mann im Gleichnis, in sich geht, wird nicht verzweifeln. Je weiter der Weg hinein in die eigene Mitte gegangen wird, desto mehr klärt sich der Blick und weitet sich der Horizont. Die größere Klarheit, die von innen kommt, gibt Zuversicht und neue Freiheit. Dazu finden wir im jüdischen Denken ein ermutigendes Wort. Der Talmud, eines der bedeutendsten Schriftwerke des Judentums, spricht vom „Meister der Umkehr". Damit ist der Mensch gemeint, der sich stets von seinen besten Einsichten leiten lässt. Die Fähigkeit, sich an den neu gewonnenen tieferen Einsichten auszurichten, ist der Weg zu unserer menschlichen Größe.

> **Die größere Klarheit,
> die von innen kommt,
> gibt Zuversicht und
> neue Freiheit.**
>
> Paul Weingartner

# FRIEDE IN MIR
# DURCH TREUE
# ZU MIR

BEDEUTEND IST FÜR MICH, DASS
ICH IN MIR FRIEDEN BEWAHREN
KONNTE, FREI VOM VERSTÄNDNIS
UND URTEIL ANDERER.

Anonym

Ein Erwachsener schildert: „Die Schule war für mich eine sehr große Herausforderung. Es hat viel Stress gegeben: zu Hause, in der Schule und auch in mir. Um die Eltern nicht mit meinen schlechten Noten zu belasten, hatte ich beschlossen, manche Schularbeiten eigenhändig zu unterschreiben, also zu fälschen. Eine Zeitlang ging das auch ganz gut. Doch als ‚Dauereinrichtung‘ war meine Vorgehensweise zu wenig professionell und wurde schließlich aufgedeckt. An diesem Tag wurde mir klar: Jetzt muss darüber gesprochen werden, denn auch ein Brief der Schule war schon unterwegs zu den Eltern. Natürlich wusste ich, dass ich nicht berechtigt war zu unterschreiben. Und ich gestand mir auch ein, dass ich durch diese Aktion zusätzlichen Ärger zu Hause verhindern wollte, da es in der Schule schon genug davon gab. Mir war schon klar, dass die Art und Weise, wie ich das Schulproblem lösen wollte, nicht in Ordnung war. Innerlich einsam musste ich mit einem Konflikt fertig werden. Hatte ich doch das große und ehrliche Anliegen, den Eltern keine zusätzlichen Sorgen zu bereiten. Das war der Hauptgrund für mich, in dieser mühsamen Lage zu solchen Mitteln zu greifen. Wegen meiner ehrlich guten Absicht, die ich mir nicht ausreden ließ, hatte ich in meinem Herzen sogar eine Art ‚Voraus-Frieden‘ und zwar schon, bevor es zum Gespräch mit den Eltern kam. Für mich persönlich, in meinem Inneren, war die Sache bereits ganz klar, unabhängig von der Reaktion der Eltern. Bedeutend ist für mich, dass ich *in mir* Frieden bewahren konnte, frei vom Verständnis und Urteil anderer. Das war für mich eine Entdeckung, die mich sehr ermutigt hat. Diese Erfahrung führte mich zu der bleibenden Einsicht, dass der Ursprung meines inneren Friedens in meiner Treue mir selbst gegenüber liegt.“

# EIN BEGREIFEN, DAS AUS DEM INNEREN KOMMT

Edith Stein gibt uns Einblick in ihre Lebenseinstellung als selbstsichere Studentin. Durch innere Einsichten verändert sich aber ihre Einstellung grundlegend.

So schildert sie aus der Zeit des Abschiednehmens von Breslau, wie ein Kollege mit seiner tiefsinnigen Bemerkung in ihr, der 22-jährigen Studentin, große Betroffenheit auslöste.

„,Nun wünsche ich Ihnen, dass Sie in Göttingen Menschen treffen möchten, die Ihnen recht zusagen. Denn hier sind Sie doch etwas gar zu kritisch geworden.' Über diese Worte war ich sehr betroffen. Ich war an gar keinen Tadel mehr gewöhnt. Zu Hause wagte mir kaum noch jemand etwas zu sagen; meine Freundinnen hingen mit Liebe und Bewunderung an mir. So lebte ich in der naiven Selbsttäuschung, dass alles an mir recht sei: wie es bei ungläubigen Menschen mit einem hochgespannten ethischen Idealismus häufig ist. Weil man für das Gute begeistert ist, glaubt man selbst gut zu sein.

Ich hatte es auch immer als mein gutes Recht angesehen, auf alles Negative, was mir auffiel, auf Schwächen, Irrtümer und Fehler anderer Menschen schonungslos den Finger zu legen, oft in spottendem und ironischem Ton. Es gab Leute, die mich ‚entzückend boshaft' fanden."

In ihrer Betroffenheit, die jener Kollege auslöste, wird die selbstsichere, junge Frau daran
erinnert, was ihr bereits als Kind zur inneren
Gewissheit geworden war: Gut sein ist wichtiger als klug sein. Wenn auch die Lebenssituation der Studentin von der ihrer Kindheit völlig
verschieden ist, will sie die rechte Haltung des
Kindes nun auch im Erwachsenenalter verwirklichen. Durch die Betroffenheit und die wieder
gefundene innere Einsicht aus der Kindheit
kann Edith Stein auch ihr äußeres Verhalten
danach ausrichten.

Eine gute Haltung, die aus der Liebe kommt,
zeigt sich in jeder Lebenssituation. Das aber
setzt voraus, dass die Liebe zu einem Wesens-
zug geworden ist. Die echte Liebe entspringt
dem tiefsten Wesen des Liebenden und strömt
aus seinem Herzen über auf die geliebte Person.
Und wie ein Liebender eine Wahrnehmung für
sein eigenes Wesen hat, so hat er ein Gespür
auch für das Wesen anderer. Diese bedingungs-
lose Liebe macht nicht blind. Sie bejaht kein
Fehlverhalten, sondern spricht in rechter Weise
„Korrektur-Bedürftiges" an. Die Liebe hat einen
Blick dafür, wie der andere in seiner Schönheit
von Gott gemeint sein könnte. Sie möchte ihm
bei der Entfaltung zu dieser helfen.

**GUT SEIN** IST
WICHTIGER
ALS KLUG SEIN.

Edith Stein

Meine Einstellung zu den Menschen

und zu mir selbst hatte sich völlig geändert.

Es kam mir nicht mehr darauf an, Recht zu behalten

und den Gegner unter allen Umständen ‚unterzukriegen‘.

Und wenn ich noch immer einen scharfen Blick für die Schwächen

der Menschen hatte, so benützte ich das nicht mehr,

um sie an ihrer empfindlichen Stelle zu treffen,

sondern um sie zu schonen.

Auch die erzieherische Einstellung,

die ich wohl immer noch hatte, hinderte mich daran nicht.

Ich hatte es gelernt, dass man Menschen nur selten bessert,

indem man ihnen ‚die Wahrheit sagt‘: das kann nur dann helfen,

wenn sie selbst das ernste Verlangen haben, besser zu werden,

und wenn sie einem das Recht zur Kritik einräumen.

Edith Stein

Weil die Reserven des jungen Mannes aufgebraucht sind, die Fremde ihm zu teuer
geworden ist und er zudem sehr unfreundlich
behandelt wird, hält er Ausschau nach seinem
„inneren Reiseproviant".
Das „In-sich-Gehen" bewahrt ihn vor
Verzweiflung (Lukas 15,11-24). Wenn du mit
deiner Weisheit nicht mehr weiterkommst,
bleibt dir noch der Weg nach innen.

**Zu welchen Empfindungen und
Neuentdeckungen kann dich der Weg
vom Kopf ins Herz führen?
Was hilft dir, *stets* einen guten Kontakt
mit deinem Herzen zu haben?**

Es gibt Schritte oder Handlungen, die sich als verkehrt
herausstellen und nicht wieder rückgängig gemacht
werden können.

**Welches neue Verständnis oder welche bessere Aussichten
können aus der Erfahrung des Versagens kommen? Welche
Ereignisse haben euch zu einer tieferen Einsicht geführt?**

# ZEIT, DIE DER SEELE GUT TUT

DIE **SEELE**
ERNÄHRT SICH
VON DEM,
WORÜBER SIE
SICH FREUT.

Augustinus

Zeit ist der große Raum, in dem sich Lebensprozesse und unser persönliches Leben verwirklichen. Der Rhythmus der Natur und des Tages geben uns ein Gefühl für den Zeitverlauf. Die natürlichen Prozesse des Körpers machen uns darauf aufmerksam, dass wir nur begrenzte Zeit zur Verfügung haben. Diese bildet den Rahmen für unser aktives Gestalten. Zeit ist verloren, wenn die Chancen, die sie uns bietet, nicht genutzt werden. Das heißt aber keineswegs, dass sie immer mit wichtigen Arbeiten gefüllt werden muss. Das ist weder möglich noch sinnvoll. Für unser Wohlbefinden benötigen wir auch die Zeit der Erholung: Zeit zum Schlafen und zum Auftanken, die gemeinsame Zeit mit Menschen, die wir gerne haben, und Zeit zum Feiern.

Ob wir das für uns Richtige gewählt und getan haben, erkennen wir primär an einem seelischen Wohlbefinden mit innerem Frieden. Dies kann auch mit einer vorübergehenden Müdigkeit oder Erschöpfung einhergehen, die jedoch die Gesundheit nicht gefährden dürfen. In unserem Alltag verspüren wir größere Freude, mehr Lebenskraft und tiefere Zufriedenheit, wenn wir auf ein stimmiges Zusammenwirken von Seele, Geist und Körper achten. Ich bin überzeugt, dass wir der Sorge um die gute Verfassung der eigenen Seele größere Beachtung und somit mehr Zeit und Aufmerksamkeit schenken müssen. Durch eine gute seelische Verfassung gewinnen wir an Klarheit und Kraft für alle Bereiche unseres Lebens. Es ist sehr hilfreich, für die Seelsorge an der eigenen Seele im Tagesrhythmus und im Kalender bestimmte Zeiten zu reservieren. In einer geschützten Zeit soll sich die Seele erholen und stärken können. Dazu gibt uns ein Ausspruch von Augustinus (354-430) wertvolle Orientierung: „Die Seele ernährt sich von dem, worüber sie sich freut."

Eine sehr gute Zeit verbringen wir, wenn wir etwas für unser Leben Bedeutendes erkennen oder ein uns sehr wichtiges Anliegen verwirklichen können. Ein persönliches Zeichen dafür ist die Dankbarkeit, die aus der eigenen Zufriedenheit kommt. Du magst ruhige oder unruhige, erholsame oder sehr anstrengende und leidvolle Tage durchleben. Sie sind eine gute und echte Lebenszeit, sobald du dir klar darüber bist, dass du dir selbst treu sein kannst. Damit kommst du dir selbst auch näher. Lebendig bist du – und lebendiger wirst du immer dann, wenn du innerlich mit dabei bist. Dein seelisches Engagement macht dich reicher. Also ist jede Zeit, in der du innerlich nicht zerrissen, sondern als ganzer Mensch gegenwärtig bist, eine Zeit, die der Seele gut tut und sie stärkt.

# DER BLICK FÜR
# DIE RECHTE ZEIT

Die Philosophen der Antike haben in zwei Zeitbegriffen gedacht und gesprochen: Mit „Chronos" meinten sie die verstreichende Zeit, die sich mit Uhr und Kalender messen lässt. Diesen Begriff finden wir darum häufig in der Technik der Zeiterfassung, wie Chronometer, Chronologie oder Chronik. Der zweite Zeitbegriff, der uns vielleicht weniger geläufig ist, dem wir jetzt aber unsere Aufmerksamkeit zuwenden wollen, ist „Kairos", „der günstige Augenblick". Das ist der Zeitpunkt, der eine besondere Chance in sich birgt, der rechte Moment, also die „gute Gelegenheit". Von den griechischen Philosophen wurde der rechte Zeitpunkt so hochgeschätzt, dass sie hinter ihm sogar eine Gottheit sahen. Sie nannten ihn „Kairos", den Gott des rechten Augenblicks.

In der Hafenstadt Trogir, in Dalmatien, befindet sich ein altes Steinrelief, welches diese „Kairos-Gottheit" als eine männliche Gestalt abbildet. Auffallend an ihr sind zwei Besonderheiten: eine große Haarlocke an der Stirn und der völlig kahl geschorene Hinterkopf. Dadurch veranschaulicht der Künstler das Besondere des rechten Augenblicks: Begegnet dir der günstige Augenblick, der Kairos, so packe die Gelegenheit am Schopf! Nütze diese einmalige Chance! Ergreifst du sie nicht, dann zieht der günstige Augenblick ungenützt vorüber. Mit einem verspäteten Versuch greifst du ins Leere. Der kahle Hinterkopf macht es dir unmöglich, ihn von hinten noch zu fassen. Vermutlich weißt auch du aus deiner eigenen Erfahrung, dass heute manches nicht mehr verwirklichbar ist, was früher möglich gewesen wäre.

Der Kairos zeigt sich als eine unerwartete und „willkommene" Überraschung, die spontan beim Schopf gepackt werden will. Der Kairos ist aber auch ein von uns erwarteter Zeitpunkt, der uns nach einer Phase des Klärens eine „gereifte" Entscheidung treffen lässt. Zwei Arten des Wartens sind dabei zu unterscheiden: Einerseits können wir Zeit vorübergehen lassen, in der wir etwas aufschieben, weil es unangenehm ist. So wird der Kairos nicht genützt und wertvolle Zeit geht verloren. Andererseits können wir Zeit vergehen lassen, also mit einer entscheidenden Handlung warten, bis die Zeit „reif" geworden ist. Denn für eine „gereifte" Entscheidung braucht es oft die Phase des Klärens, in der sowohl die Umstände, als auch die Folgen unserer Handlung „studiert" werden.

Ob sich der Kairos nun erwartet oder unerwartet zeigt: Wenn wir ihn beim Schopf packen wollen, braucht es von unserer Seite auch eine Portion Mut und Spontanität. Mit offenen Augen für den rechten Augenblick durch den Tag zu gehen, bedeutet, die Bereitschaft zu haben, ein neues Mosaiksteinchen in das Gesamtbild des Lebens einzufügen. Wenn wir in dieser Haltung mit den sinnvollen Einladungen des Lebens Schritt halten, werden wir auch das Mosaikbild unserer Persönlichkeit in seiner Klarheit mehr und mehr zum Strahlen bringen.

MIT OFFENEN AUGEN FÜR DEN **RECHTEN AUGENBLICK** DURCH DEN TAG ZU GEHEN, BEDEUTET AUCH, DIE BEREITSCHAFT ZU HABEN, EIN NEUES MOSAIKSTEINCHEN IN DAS **GESAMTBILD DES LEBENS** EINZUFÜGEN.

Paul Weingartner

## 09

VOM RECHTEN AUGENBLICK

# STÖRUNGEN, DIE DAS LEBEN NICHT STÖREN

Manchmal zeigt sich der Kairos auch in einer Art, die „mein Konzept" stört. Unerwartet tritt er wie ein „Fremdkörper" in meine Planungen und scheint mir auf den ersten Blick keine Vorteile zu bringen. Einen solchen Kairos erkennt, wer beispielsweise in Not geratenen Menschen spontan beisteht. Wenn wir merken, dass, für uns überraschend, ein ganz persönliches Wort, eine hilfreiche Geste oder auch ein großer Einsatz von uns gebraucht wird, dürfen wir nicht wegschauen. Es wäre Ausdruck einer Taubheit gegenüber dem eigenen Herzen, einen solchen Anruf bewusst zu überhören. Ignoriere ich die Stimme des Herzens, so verschließe ich die Türe zur eigenen Lebendigkeit. Ein Helfen, das aus dem Herzen motiviert ist, drückt zugleich die Treue der inneren Stimme gegenüber aus. Jede gute Tat, ob in einer Notsituation oder nicht, stärkt auch die eigene Seele: Indem du Gutes tust, tust du *dir* Gutes. Papst Gregor der Große (540-604) sieht darin ein nahrhaftes Lebensmittel für den inneren Menschen: „Wie ihr eurem Körper täglich Speisen zuführt, damit er nicht kraftlos werde, so seien gute Werke die tägliche Nahrung eures Geistes. Mit Speise wird der Leib verköstigt, durch gutes Handeln werde der Geist genährt."

Dass der Mensch und sein Leben unter allen Umständen absoluten Vorrang haben, zeigt Jesus in einer berühmt gewordenen Erzählung auf. Es ist das Gleichnis vom Barmherzigen Samariter (Lukas 10,30-37). Sowohl ein Priester als auch ein Levit (= Tempeldiener), so erzählt Jesus, kümmern sich nicht um einen ausgeplünderten, halbtoten Mann, der am Straßenrand liegt. Über beide sagt Jesus: „Er sah ihn und ging weiter." Erst der dritte, ein Mann aus Samarien, erkennt sofort den „Kairos" und folgt dem inneren Ruf. Augenblicklich sieht er in der Not des Notleidenden seinen momentan vorrangigen Auftrag. Wer dem Bedürftigen hilft, sich somit „stören" lässt, verliert nichts. Im Gegenteil, es gewinnt, wer auf den inneren Anruf hört. Sich treu sein heißt, sein Bestes zu verwirklichen und dadurch an Lebendigkeit zu gewinnen. Wir verwirklichen genau dann unser Bestes, wenn wir der Aufforderung unseres tiefsten Wesens ohne Zögern folgen und uns stören lassen.

# KOMPROMISSLOS ECHT –
# AUCH BEI ANPASSUNG

„Als ich ein Kind war, redete ich wie ein Kind, dachte wie ein Kind und urteilte wie ein Kind. Als ich ein Mann wurde, legte ich ab, was Kind an mir war.", schreibt der Apostel Paulus (1 Korinther 13,11). Als Einzelne und als „Menschheitsfamilie" gehen wir einen Weg des Wachstums. Dieser will uns zur vollen körperlichen und geistigen Größe führen. Instinktiv „wissen" die Zellen in uns, wann wofür die passende Zeit ist. Die Seele „kennt" ebenfalls ihr „Werdeziel". Eine innere Lebensdynamik leitet unsere gesamte geistige Entwicklung.

Im Gegensatz zum natürlichen Wachstumsziel des Körpers sind die Vorstellungen über die intellektuellen und spirituellen Ziele zur Persönlichkeitsbildung sehr unterschiedlich. Analog zur körperlichen Entwicklung gibt es ein geistiges Reifen. Wir sind so weit vorangekommen, wie es die Umstände, die eigene Wahl und das persönliche Engagement zugelassen haben. Weil Leben seinem Wesen nach unbedingt gelingen will, stellt es sich so gut als möglich auf die gegebenen Umstände ein. Beispielsweise haben viele Hochgebirgsblumen die großartige Fähigkeit, sich ausgesprochen gut an die Gegebenheiten anzupassen. Sind sie auch aufgrund des kargen Bodens und des rauen Klimas merklich kleiner, so zeigen sie doch in ihrer Zierlichkeit die ganze Schönheit ihres Wesens. Sie sind ihrer wesentlichen Veranlagung absolut treu und völlig gesund. Sie blühen ihrer selbst wegen, auch ohne entdeckt und bestaunt zu werden. Wir Menschen sind ebenso in der Lage, in extrem unterschiedlichen Regionen zu leben. In uns gibt es ein ähnliches Streben, trotz eines vielleicht geistig kargen Umfelds, der inneren Veranlagung treu zu bleiben. Die Schönheit unseres Wesens will sich überall zum Ausdruck bringen. Oftmals ergeht an uns die Einladung zur Anpassung. Im Hören auf unsere Mitte merken wir unweigerlich, inwieweit, unter Wahrung der inneren Echtheit, eine Anpassung möglich ist. Will ich sie nicht aus Konfliktscheue, sondern aus Überzeugung, muss mir klar sein, welche Kompromisse ich innerlich unbeschadet eingehen darf. Eine sinnvolle Anpassung entwurzelt nicht, nimmt nicht den Atem und mindert nicht mein Selbstwertgefühl. Trotz der Herausforderung verspüre ich eine innere Stimmigkeit und Zufriedenheit. Es begleitet mich sogar eine tiefe Gewissheit, auf dem richtigen Weg zu sein. Die Aufrichtigkeit und die Echtheit dienen der seelischen Gesundheit. Deshalb darf es im „Aufrichtigsein" und „Echtsein" keine Kompromisse geben. Die Liebe, die mich zum Miteinander ruft, fordert immer dann meine Anpassung, wenn ich dabei nicht gegen meine innerste Überzeugung, also gegen mein Gewissen, verstoße. Wo wir den Raum zum Verwirklichen dieser Überzeugung vorfinden oder uns verschaffen können, gelingt Wachsen und Reifen. Aber auch in den dunkelsten Zeiten der Geschichte, in denen dieser Freiraum fehlte, konnte nicht alles Gute verhindert und zerstört werden. Sogar in Kriegssituationen und Konzentrationslagern haben viele Menschen trotz lebensverachtender Bedingungen wahre menschliche Größe entwickelt und gelebt. Sie konnten die Umstände nicht ändern. Es blieb ihnen nur der geistige Raum ihrer inneren Freiheit, der sich in jedem Menschen findet.

Erkennen wir aber, dass Anpassung unangebracht ist, und wir die nötige, äußere Freiheit haben, so muss neuer Raum gesucht werden. Denn seelische, gesunde Entfaltung hat immer Vorrang. Damit tun wir auch den Mitmenschen Gutes. So verwirklichen wir den Willen unseres Schöpfers, der die volle Lebendigkeit aller will. Es kann nicht schöner ausgedrückt werden, als Irenäus von Lyon (um 135-202) es getan hat: „Der lebendige Mensch ist die Verherrlichung Gottes."

Man hat für so viele nutzlose Dinge Zeit:

allerhand unnützes Zeug aus Büchern, Zeitschriften

und Zeitungen zusammenzulesen, in Cafés herumzusitzen

und auf der Straße Viertel- und halbe Stunden zu verschwatzen:

alles ‚Zerstreuungen', in denen man Zeit

und Kraft splitterweise verschleudert.

Sollte es wirklich nicht möglich sein,

eine Morgenstunde herauszusparen,

in der man sich nicht zerstreut, sondern sammelt,

in der man sich nicht verbraucht, sondern Kraft gewinnt,

um den ganzen Tag davon zu bestreiten?

Edith Stein

**FÜR DICH ...**

„Kairos" ist der „günstige Augenblick".
Das ist der Zeitpunkt, der eine besondere
Chance in sich birgt, der rechte Moment,
also die „gute Gelegenheit". Ergreifst du sie
nicht, dann zieht der günstige Augenblick
ungenützt vorüber. Mit einem verspäteten
Versuch greifst du ins Leere. Es ist dir
unmöglich, ihn von hinten noch zu fassen.

**Wie konntest du dein Leben durch
das Nützen günstiger Gelegenheiten
bereichern?**

Es gibt im Leben kleinere und größere „Störungen",
die sich später aber als gute Möglichkeit für neue Schwerpunkte
im Leben entpuppt haben und für die wir heute dankbar sind.

**Welche Störungen dieser Art habt ihr erlebt?
Was konntet ihr Neues über euch und für euer
Leben entdecken?**

## 10

## Licht aus der Stille

# DER GUTE PLATZ
# FÜR DIE BESTE SICHT

Thérèse von Lisieux wollte als Kind manchmal ganz alleine sein. Sie suchte die Verborgenheit, damit sie ungestört „denken" konnte. Es machte ihr Freude, über Themen und Anliegen nachzusinnen, die im Trubel des Alltags wenig Raum hatten. Thérèse bemerkte, dass in der Zurückgezogenheit und in der Sammlung Gedanken auftauchten, die sie innerlich tief berührten. Ohne dass sie dazu angeleitet wurde, fand sie bereits als Kind den Weg, der zu innerem Hören und größerer Klarheit führt. Immer mehr entfaltete sie im Laufe der Jahre die Fähigkeit, auf sich selbst zu hören und auf ihre Innenwelt einzugehen. Dazu schildert uns Thérèse in der Autobiographie eine interessante Begebenheit aus ihrer Schulzeit: „Einmal fragte mich eine Lehrerin des Abteikollegs, was ich in den Ferien mache, wenn ich allein sei. Ich antwortete ihr, dass ich hinter das Bett gehe in ein kleines, leeres Eck, das ich leicht mit dem Vorhang schließen konnte. Und dort ,dachte

ich'. ‚Aber, was denkst du denn?', fragte sie mich. ‚Ich denke an Gott, an das Leben, an die Ewigkeit, kurz ich denke!' Die gute Schwester lachte sehr über mich. – Später erinnerte sie mich gerne an die Zeit, in der ich dachte. Sie fragte mich, ob ich noch immer denke. Jetzt erkenne ich, dass ich, ohne es zu wissen, Betrachtung übte und Gott mich schon im Geheimen lehrte."

Thérèse beachtet ihre Sehnsucht nach guten Gedanken, die in der Stille auftauchen. Deshalb sucht sie die Stille und den dafür geeigneten Ort. Was Thérèse instinktiv als beste Voraussetzung für tiefere Einsichten erkannt hat, können auch wir als unseren aktiven Beitrag leisten: Die Suche nach einem günstigen Ort für äußere und innere Stille.

# DIE INNENWELT
# ENTSCHEIDET

Motiviert vom Wunsch, dass es uns gut gehe und wir uns bestmöglich entfalten, haben wir Interesse an allem, was uns dabei unterstützt. Vielfältig sind die Mittel, die angeboten werden. Es ist das Geschäft der Meinungsmacher und Massenmedien, Bedürfnisse zu wecken, um ihre Produkte gezielt verkaufen zu können. Allzu schnell werden „Scheinbedürfnisse" geschaffen und befriedigt. Ohne es zu wissen, bestätigen viele Menschen durch ihr Konsumverhalten: „Wer nicht weiß, was er will, dem wird gesagt, was er soll." Übersättigt mit Oberflächlichem, das nicht zufrieden macht, und durch Enttäuschungen psychisch müde und desorientiert, wird kaum mit der naheliegenden Quelle im eigenen Inneren gerechnet.

Je weniger Bedeutung das zutiefst Persönliche und Wesentliche hat, desto bedeutsamer erscheint Nebensächliches. Dieses ist zumeist käuflich erwerbbar, vermag jedoch das angeborene Bedürfnis, Liebe zu empfangen und zu schenken, nicht zu ersetzen. Die Grundsehnsucht nach Anerkennung kann nur durch persönliche Begegnung gestillt werden. Vermutlich wurzelt die „Konsum-Mentalität" oft in einer gewissen Bequemlichkeit. Die Ursache kann aber auch tiefer, im seelischen Bereich, liegen. Dietrich Bonhoeffer (1906-45) spricht von Erschütterungen, die zu einer Art Schwerhörigkeit gegenüber der zutiefst persönlichen Sehnsucht führen können. Er macht die schmerzliche Feststellung: „Manche Menschen sind in ihrem Leben von früh auf schon so durcheinander geschüttelt worden, dass sie sich eine große Sehnsucht sozusagen gar nicht mehr leisten [...] und sich kurzfristigere und leicht zu befriedigende Freuden als Ersatz nehmen."

Ohne es zu merken, werden zu viele Menschenherzen in unserer unruhigen Welt stark verwirrt. Inneres „Stimmig-Sein" und innere Klarheit sind ihnen fremd geworden. Ursprüngliche und somit berechtigte Erwartungen des Herzens werden als illusorisch abgetan und nur unrealistischen Träumern und Spinnern zugestanden. Allzu leicht reduzieren wir das, was unsere tiefsten Sehnsüchte vom Leben erwarten, auf ein bloßes „Überleben". Dabei übernehmen insgeheim die Wunden schmerzlicher Erlebnisse die Leitungsfunktion, indem sie unser Denken und Streben bestimmen. Die seit der Zeugung mitgegebene Sehnsucht und Dynamik zur Lebensentfaltung muss zurücktreten. Sogar unsere besten Anlagen haben dann nicht mehr das Sagen. Aus dem tiefsten Wesen des Menschen kommende berechtigte Ansprüche an das Leben werden radikal zurückgenommen. Mangels innerer Festigkeit wird der Weg des geringsten Widerstandes und der Anpassung an die Mitwelt beschritten. Auf die ursprüngliche Originalität wird verzichtet und schon passiert, was Blaise Pascal (1623-62) schon lange vor uns beobachtet hat: „Alle Menschen werden als Originale geboren, die meisten aber sterben als Kopien."

Um den Weg der Originalität zu gehen, braucht es Mut und Treue gegenüber den Erwartungen der eigenen Innenwelt. Dies meint nicht ein „Sich-Einschließen" in die Seele, mit wenig Kontakt zur Außenwelt. Es ist vielmehr ein fragendes „Ausschau-Halten" nach dem, was den Dialog des Herzens fördert. Diesen haben wir in der persönlichen Begegnung mit einem Menschen und mit dem göttlichen Du. Dazu sind auch Musik, Kunst und Spiele, in denen sich Menschen wirklich begegnen, ausgezeichnete Wege, der Seele Räume zu eröffnen. Unser Inneres sieht sich in einem neuen Licht, wenn es angesprochen und erkannt wird. Nicht die Fülle der genutzten Angebote ist entscheidend, sondern ob die Seele sich engagieren und ausdrücken darf. Im Zusammenwirken mit der eigenen Seele gewinnen wir an Klarheit, die aus dem Inneren kommt.

LICHT AUS DER STILLE

# SENSIBEL FÜR DAS FEINE IN DER SEELE

Die Seele ist in ihrem Innersten „ein vollendet schönes Ebenbild Gottes" (Johannes vom Kreuz, 1542-91). Die besten Gedanken und Vorstellungen, die wir über Gott haben können, lassen uns die Schönheit und die Größe der eigenen Seele erahnen. Diese möchte ihr Wesen, ihre Lebendigkeit und die Kraft ihrer Liebe sichtbar machen. Jede Seele ist eine hochsensible Instanz, die leben und lieben will. Sie animiert unseren Körper und will sich durch ihn ausdrücken. Je mehr Unterstützung sie durch unsere Aufmerksamkeit findet, desto besser kann sie ihre Freiheit und Schönheit nach außen hin abbilden.

Es gibt besonders geeignete Bedingungen, um mit unserer Seele und mit Gott gut Rücksprache halten zu können. Zuerst braucht es eine Sehnsucht nach tiefer Einsicht. Ist diese groß genug, findet sich auch ausreichend Zeit für die regelmäßige Besinnung. Gibt es im eigenen Wohnbereich kein „stilles Eck", lohnt es sich, mit allen Mitteln nach einem geeigneten Ort in der Umgebung zu suchen. Wer Zeiten der Zurückgezogenheit und Stille sucht, kommt der Seele entgegen. So werden wir hellhöriger für die Anregungen aus dem Inneren, die unseren persönlichen Weg leiten möchten. Regelmäßige Stille und Besinnung fördern die Verständigung mit Gott auch in der übrigen Zeit.

Auch Teresa von Avila rät, auf die Botschaften der Seele zu achten, mit denen Gott uns inspirieren möchte: „Aus der innersten Wohnung der Seele, in welcher Gott wohnt, sendet der Herr euch manchmal eine Botschaft oder ein liebevolles Brieflein, dessen Schrift und Inhalt nur ihr selbst verstehen könnt. Versäumt auf keinen Fall, seiner Majestät zu antworten, wie beschäftigt ihr auch äußerlich sein möget, selbst mitten im Gespräch mit anderen Menschen. Denn unser Herr macht uns diese geheimen Mitteilungen gern, wenn wir nicht allein sind und mitten im Alltag stecken."

Gott teilt sich in sehr vielfältiger Weise mit. Er spricht nicht nur in Worten, sondern auch, indem er uns tiefere Einsicht, größere Klarheit und neue Begeisterung schenkt.

# EIN HERZ ZUM DENKEN

Das Denken können wir als einen inneren Dialog verschiedener Gedanken verstehen. Die Gedanken schöpfen ihre Inhalte einerseits aus dem, was wir im Alltag von außen aufnehmen, andererseits aus unserer Innenwelt. Gerne hören wir „tiefe Gedanken", die jemand ausspricht. Dazu haben wir „ein Herz zum Denken" bekommen, wie wir in der Bibel (Sirach 17,6) lesen. Die innersten Herzensanliegen sollen die Quelle unserer Gedanken und Worte sein. Je tiefer der innere Dialog in unsere Wesensmitte hineinreicht, desto reiner wird unsere Gesinnung und desto klarer werden die Motive, die uns leiten. Unser tiefstes Wesen ist in ihrer Reinheit auch der Raum unserer Beziehung zu Gott. Der Logotherapeut Viktor Frankl (1905-97) findet zu diesem inneren Dialog mit der Seele und in der Seele die passenden Worte: „Gott ist der Partner unserer intimsten Selbstgespräche."

Jeder Mensch ist für all seine Gedanken persönlich verantwortlich: Ob sie nun vom Herzen inspiriert sind, von den Gefühlen geleitet werden, sehr oberflächlich oder reine Gedankengebilde sind. Mag uns auch so manches einfallen, ist es trotzdem nicht so, dass „etwas" in uns denkt, sondern wir bestimmen eigenverantwortlich, wie wir „Einfälle" weiterdenken. Wir dienen dem Leben, indem wir mit unseren Gedanken in der Wahrheit und in der Liebe bleiben.

**GOTT** IST DER PARTNER
UNSERER INTIMSTEN
SELBSTGESPRÄCHE.

Viktor Frankl

Die Welt von heute versteht weder das Bedürfnis
der Frau noch des Mannes, allein zu sein.
Jede andere Entschuldigung wird eher angenommen.
Die Zeit, die wir uns für eine geschäftliche Verabredung,
für den Friseur, für eine Einladung
oder für Einkäufe nehmen, wird respektiert.
Sagt man aber: Ich kann nicht kommen,
denn das ist die Stunde, die ich ganz für mich alleine reserviert habe,
dann gilt man als ungezogen, egoistisch oder als Sonderling.
Was wirft das für ein Licht auf unsere Zivilisation,
wenn das Bedürfnis nach Einsamkeit verdächtig erscheint;
wenn man sich dafür entschuldigen muss;
wenn man es verbergen muss wie ein geheimes Laster!

Anne Morrow Lindberg (1906-2001)

Übersättigt mit Oberflächlichem, das nicht zufrieden macht, und durch Enttäuschungen müde und irritiert, rechnen nur wenige Menschen mit der naheliegenden Quelle im eigenen Inneren.
Thérèse von Lisieux folgt ihrer Sehnsucht nach guten Gedanken, die in der Stille auftauchen. Deshalb zieht sie sich an einen zum Schweigen geeigneten Ort zurück.

**Unter welchen Umständen konntest du erleben, dass sich aus deinem Inneren heraus neue Horizonte eröffnet haben?**

## FÜR DICH ...

## ... IM AUSTAUSCH MIT FREUNDEN

Jedes gute „Kennen–Lernen" braucht Aufmerksamkeit und Zeit.
Im Laufe unseres Lebens lernen wir sehr Vieles kennen.
Wie viel Zeit habt ihr, jeder für sich, im letzten Jahr für das Anliegen, euch besser kennen zu lernen, aufgewendet?
Diese Zeit weist darauf hin, wie wichtig ihr euch seid.

**Welche Vorteile haben jene, die sich selbst gut kennen?**
**Was hat euch beim Entdecken eurer Innenwelt geholfen?**

## Radikal in der Liebe

# LEBENDIGE WURZELN

Am Aussehen von Schnittblumen in der Vase können wir erkennen, ob sie gutes Wasser, schlechtes oder auch gar kein Wasser erreichen. Menschen, die an Schnittblumen ohne Wasser erinnern, erwecken mein tiefes Mitleid. Ich bin überzeugt, wir müssen nicht wie wurzellose Schnittblumen leben, denen es an gesundem Wasser mangelt. Denn anders als diese, hat jeder Mensch in der Tiefe des Herzens gesunde Wurzeln, um geistige Nahrung aufzunehmen. Mit diesen Wurzeln können wir den Geist Gottes wahrnehmen, uns mit ihm verbinden und ihn verstehen. Das zeigt sich darin, dass wir in unserer Tiefe instinktiv der Liebe, der Freude, der Freiheit und allem, was dem Leben dient, zustreben. Das lateinische Wort „radix" bedeutet „Wurzel". Christen, wenn sie authentisch sein wollen, leben „radikal", also von ihren Wurzeln her. Der Apostel Paulus spricht von diesen zwar unsichtbaren aber doch realen geistigen Wurzeln. Wir sehen sie nicht, aber wir erkennen am persönlichen Wachsen und Reifen, dass es sie gibt und auch wie gesund sie sind.

MENSCHEN, DIE MICH AN SCHNITTBLUMEN OHNE WASSER ERINNERN,
ERWECKEN MEIN TIEFES MITLEID. ICH BIN ÜBERZEUGT, WIR MÜSSEN NICHT WIE
WURZELLOSE SCHNITTBLUMEN LEBEN, DENEN ES AN GESUNDEM WASSER MANGELT.
DENN ANDERS ALS DIESE HABEN WIR **IM HERZEN** GESUNDE WURZELN,
UM GEISTIGE NAHRUNG AUFZUNEHMEN.

Paul Weingartner

# DIE RADIKALE LIEBE JESU

Leiden richtet sich gegen das Leben und ist deshalb für sich als solches sinnlos. Wer gesund empfindet, versucht Leiden abzuwenden. Kann es aber nicht abgewendet werden, stellt sich die Frage, ob Leiden den Sinn und den Wert unseres Lebens schmälern oder sogar zerstören darf. Ich sehe es als unsere Aufgabe, dem Leben unter allen Umständen beizustehen und alles dafür zu tun, dass jeder Mensch sein Leben in Liebe, das heißt sinnvoll, leben kann. Nicht nur hochsensible Menschen leiden an den Ungereimtheiten des Lebens. Jeden schmerzt es, wenn das Leben und die Liebe verletzt werden. Werden Verletzungen jedoch nicht gespürt, könnte es sich um eine zusätzliche Krankheit handeln, nämlich die der Empfindungslosigkeit. Manchmal wünschen wir uns, die schmerzliche Wirklichkeit weniger stark zu empfinden. Damit würden wir aber auch gleichzeitig auf die Wahrnehmung von vielem Schönen und Guten verzichten. Lebendige Menschen wollen wach sein und nichts ausblenden, sondern mit offenen Augen die ganze Wirklichkeit wahrnehmen. Die äußeren und inneren Sinne sind uns gegeben, um durch sie „sinn-voll" zu leben. Wachsen und Reifen bedeutet, dass sich unsere Sinne ausbilden und wir mehr und mehr Lebenssinn wahrnehmen. Dieser zeigt sich in der Lebendigkeit und in der Liebe. Wenn diese beiden wachsen, dann wachsen sie immer gleichzeitig.

In Jesus sehen wir größte Lebendigkeit und grenzenlose Liebe. Sein Schicksal zeigt aber auch, wie wenig wir davon ausgehen können, dass Liebende immer beliebt sind. Sie können es manchmal sehr schwer haben. Jesus war bereit, eher zu leiden, als die Liebe zu verletzen. Darin zeigt sich seine Größe.

Um einem Missverständnis entgegen zu steuern, ist zu betonen, dass der Vater niemals das Leiden seines Sohnes wollte. Gott ist die Liebe. Diese will er gemeinsam mit und durch Jesus in unserer Welt erfahrbar machen. Jesus geht einen radikalen Weg der Liebe und wird somit zu einer lebendigen Anfrage an die Vorstellungen seiner Mitmenschen. Er wird bewundert und nachgeahmt, aber auch ignoriert und verfolgt. So stirbt Jesus einen gewaltsamen Tod. Nicht der Vater will das Sterben seines Sohnes, sondern menschliche Hartherzigkeit führt dazu. Weil das Wesen der Liebe gewaltfrei ist, erlebt sie ihre Ohnmacht dort, wo sie nicht aufgenommen wird. So lässt der Vater, im Vertrauen auf die Liebe seines Sohnes und aus Respekt vor unserer Freiheit, das Leiden seines Sohnes geschehen, das damit auch zu einem Mitleiden des Vaters führt. Wer selbst liebt und die Freiheit anderer achtet, vermag zu erahnen, wie es dem Vater und seinem Sohn ergangen ist.

Der Evangelist Lukas berichtet, wie Jesus am Ölberg in großer Angst betet. Ist es unumgänglich, den Leidensweg zu gehen, möchte Jesus auch im Sterben seine vergebende Liebe zeigen. Auffällig ist, dass Jesus die Kraft dafür unmittelbar nach dem Annehmen dieses Weges empfängt. Er betet zum Vater: „Nicht mein, sondern dein Wille soll geschehen. Da erschien ihm ein Engel vom Himmel und gab ihm neue Kraft." (Lukas 22,42f) Jesus verspürte „neue Kraft" und konnte so in der Liebe bleiben, genau in dem Moment, in dem das Lieben am schwierigsten war. Unsere geistige Kraft wächst immer dann, wenn wir alle bisher vorhandenen Kräfte einsetzen, besonders die des Vertrauens.

# IM LEBEN GOTTES VERWURZELT

Jesus tut alles, was in seiner Macht liegt und gibt gleichzeitig alles in die Hände seines Vaters. Menschen, die ihre Fähigkeiten und Kraft zur Gänze einsetzen und sich dabei der Führung Gottes anvertrauen, wachsen zu starken Persönlichkeiten heran. Sie können Liebende bleiben, auch in liebloser Umgebung. Das gelingt ihnen trotz der Schwachheit ihrer menschlichen Natur. Je mehr sie diese Schwäche erleben, desto radikaler wenden sie sich Gott zu und vertrauen auf seine Kraft. Kurz gesagt: Schwäche *darf* sein, Vertrauen *muss* sein. Entscheidend ist, so würde Edith Stein sagen, sich „den Anschluss an die geistige Welt und ihre Kraftquellen" zu sichern, in denen die Seele leben und sich erneuern kann. Der Wille, mit Gottes Kraft die Liebe verwirklichen zu wollen, lässt uns lebendiger werden und stärkt gleichzeitig unsere Identität. Die seelischen Wurzeln finden Halt und Nahrung in Gott. Daraus erwächst unsere Fähigkeit, wie Jesus, in unguter Situation gut zu sein.

Der Apostel Paulus verwendet dreimal das Wort „verwurzelt". Er erklärt, dass uns der Glaube wie eine starke Wurzel guten Halt und Festigkeit gibt: „im Glauben seid ihr fest verwurzelt" (2 Korinther 1,24). Dieser Glaube an Gott konkretisiert sich in der Freundschaft mit Jesus. So schreibt Paulus: „Ihr habt Christus Jesus als Herrn angenommen. Darum lebt

auch in ihm! Bleibt in ihm verwurzelt" (Kolosser 2,6f). In ähnlicher Weise erklärt Jesus im Bild vom Weinstock das „Ineinander-verwachsen-Sein". Er ist der Weinstock und wir die Reben, die von ihm ihre Nahrung und ihr Wachstum bekommen. Gott, der Urheber des Lebens, liebt, hält und belebt uns. Deshalb braucht kein Mitmensch uns die Lebenskraft zu geben, wie sie aus Gott kommt. Somit müssen wir selbst für niemanden belebender „Weinstock" sein. Johannes vom Kreuz betont: „Erwarte das Leben nicht von einem Geschöpf, denn einzig der Schöpfer gibt das Leben." Beachten und leben Menschen diese „Direkt-Verbindung" mit Gott, überfordern sie einander nicht mit überhöhten Erwartungen. Wenn Paulus von einem „Erfüllt-Werden mit der ganzen Fülle Gottes" spricht, verweist er erneut auf unsere geistigen Wurzeln. Wir bekommen eine Art „Lebens-Transfusion" mittels einer geistigen Nabelschnur: „In der Liebe verwurzelt, werdet ihr mehr und mehr von der ganzen Fülle Gottes erfüllt" (vgl. Epheser 3,17-19). Im Glauben, dass wir in der Liebe Gottes geborgen sind, entspannt sich unser Herz. Es öffnet sich und lässt sich beschenken.

# WELTEN VERBINDEN

Das Leben Jesu zeigt uns: Es ist möglich, auch in unguter Situation gut zu sein. In liebloser und gewaltsamer Umgebung ist er gewaltfrei und ein Liebender geblieben. Dem
Vorbild Jesu möchten auch seine Jüngerinnen und Jünger folgen. Dabei erkennen sie, wie
verschieden Jesu Vorstellungen von den eigenen Vorstellungen sind. Menschen ohne
lebendige Beziehung zu Gott sehen sich zwangsläufig als „Alleinveranstalter" in dieser
Welt. Sie empfinden und meinen, niemand stehe hinter ihnen und sie hätten für „alles"
selber zu sorgen. Auch wenn es Gedanken an die Welt Gottes gibt, kann trotzdem die belebende Beziehung mit dieser Welt fehlen. Durch das Gefühl, auf sich alleine gestellt zu
sein, steigt die Gefahr, die Mitmenschen allzu leicht nach ihren Nutzen zu bewerten. Das
geschieht auch unbewusst. Insgeheim kann uns die Frage leiten: „Welchen Vorteil bringt
und wie viel Mühe bereitet mir ein bestimmter Mensch?"

## 11

Jesus sucht in keiner Weise die „Nützlichkeit" des Menschen, sondern sieht dessen unendlich große Würde. Sein einziges Anliegen ist unsere Entfaltung als Ebenbild Gottes. Er sieht in uns mehr als wir sehen. Die ganz andere, für uns so neue Sichtweise, liegt in seiner Göttlichkeit. In der Freundschaft mit Jesus lernen wir Gott und sein Lebensverständnis kennen. Sobald wir uns an diesem orientieren, werden wir offen für Gottes Weisheit, Kraft und Liebe. Dank der Freundschaft mit Jesus sind wir in keiner Hinsicht mehr „Alleinveranstalter" unseres Lebens.

Die Gemeinschaft mit Gott ist für uns eine unermessliche Bereicherung. Als von Gott Beschenkte sind wir fähig, die Mitmenschen mit den Augen Jesu zu sehen. Wir können ihnen so großzügig begegnen, wie er es getan hat. Christen können nach dem Motto leben: Wie Gott mir, so ich dir. Das entspricht dem Wort: „Umsonst habt ihr empfangen, umsonst sollt ihr geben" (Matthäus 10,8). Dadurch macht Jesus deutlich, dass seine Erwartung an uns, so zu leben, wie er gelebt hat, berechtigt und erfüllbar ist. Edith Stein ermutigt: „Du kannst, denn du sollst! Es ist der Herr, der es verlangt, und er verlangt nichts Unmögliches. Vielmehr er *macht* möglich, was natürlicherweise nicht möglich wäre." Jesus befähigt uns zu einer Liebe, wie wir sie allein mit unserem Willen und der Kraft unserer menschlichen Natur nicht zustande bringen. Es ist Jesus und somit Gott, der in uns lebt und liebt. In seiner Liebe will er sich mit unserer Liebe vereinen. Vorrangig muss sein, dass wir *mit* ihm und *aus* ihm leben. Dadurch können wir *für* seine Anliegen leben. Das sagt uns Jesus mit dem Bild vom Weinstock, von dem die Lebenskraft zu den Reben, also zu uns, fließt. In seiner Menschwerdung hat Jesus die Welt Gottes in besonderer Weise mit der Menschenwelt verbunden. Je persönlicher unsere Freundschaft mit Jesus wird, desto tiefer sind wir in der Liebe Gottes verwurzelt. So verbinden wir die Welt Gottes mit unserer Welt.

RADIKAL IN DER LIEBE

Gott verlangt nichts vom Menschen, ohne ihm zugleich die Kraft dafür zu geben.

Der Glaube lehrt es, und die Erfahrung des Lebens aus dem Glauben bestätigt es.

Das Innerste der Seele ist ein Gefäß, in das der Geist Gottes [...] einströmt,

wenn sie sich ihm kraft ihrer Freiheit öffnet. Und Gottes Geist ist Sinn und Kraft.

Er gibt der Seele neues Leben und befähigt sie zu Leistungen, denen sie ihrer Natur nach

nicht gewachsen wäre, und er weist zugleich ihrem Tun die Richtung. Im Grunde ist jede

„sinn"volle Forderung, die mit verpflichtender Kraft vor die Seele tritt, ein „Wort Gottes".

Es gibt ja keinen „Sinn", der nicht im „Logos" seine ewige Heimat hätte.

Und wer ein solches Wort Gottes bereitwillig in sich aufnimmt,

der empfängt eben damit die göttliche Kraft, ihm zu entsprechen. [...]

Liebe ist ja ihrem letzten Sinne nach Hingabe des eigenen Seins und Einswerden

mit dem Geliebten. Den göttlichen Geist, das göttliche Leben, die göttliche Liebe

[...] lernt kennen, wer den Willen Gottes tut. Denn indem er mit innerster Hingabe tut,

was Gott von ihm verlangt, wird das göttliche Leben sein inneres Leben:

er findet Gott in sich, wenn er bei sich einkehrt.

Edith Stein

Wachsen und Reifen der Persönlichkeit
bedeutet, dass sich unsere Sinne ausbilden.
So nehmen wir mehr und mehr Lebenssinn wahr.
Dieser zeigt sich in der Lebendigkeit und in
der Liebe, die immer gleichzeitig wachsen.

**Welche Reifungsschritte kannst du
entdecken, wenn du in dein Leben
zurückblickst?**

**Wie bist du deinem Lebensinn auf der
Spur und wie würdest du ihn beschreiben?**

Sehr viele Menschen zeigen einen großartigen Einsatz für
andere. Sie schöpfen ihre Lebensfreude und ihre Lebenskraft
nicht nur aus Erfolgserlebnissen oder günstigen Umständen.
Motiviert und gestärkt sind sie vor allem durch eine
unerschöpfliche Quelle in ihrem Inneren. Sie sind in Gott
verwurzelt und leben von Gott her. So sind sie fähig, auch
denen zu dienen, die es nicht rückerstatten können.

**Versucht die Motivation und die geistigen Wurzeln solcher Menschen in den Blick zu bekommen. Was ist das Geheimnis ihres
Lebens? Welche Hinweise würden sie euch geben?**

# BERÜHRT VOM UNSICHTBAREN

> GOTT LÄSST SICH DURCH NICHTS DAVON ABHALTEN, UNS ZU **LIEBEN.**
>
> Paul Weingartner

In der Heiligen Schrift lesen wir: „Der Herr und Mose redeten miteinander Auge in Auge, wie Menschen miteinander reden." (Exodus 33,11) Das gute Gespräch und der tiefe Austausch mit Gott sind möglich. Zwischen der Art und Weise, wie Menschen einander begegnen und wie Gott uns begegnet, lassen sich Gemeinsamkeiten erkennen. Aufmerksamkeit, Interesse und Zuneigung sind das Verbindende. Es gibt aber auch große Unterschiede. Beispielsweise möchte Gott mit jedem einzelnen Menschen, ohne Ausnahme, eine sehr innige und freundschaftliche Beziehung pflegen. Spielen im zwischenmenschlichen Bereich Aussehen und Sympathie eine große Rolle, so sieht Gott einzig auf unser Herz. Er achtet auf unser tiefstes Wesen, das er besser kennt, als wir selbst es kennen. Gott versteht uns auf einzigartige Weise, sehnt sich nach Austausch und hat für jeden von uns ein persönliches Wort, das uns aufleben lässt. Unabhängig von unserer inneren oder äußeren Verfassung sind wir immer „sein Typ". Gott lässt sich durch nichts davon abhalten, uns zu lieben. Er spricht uns auf vielfältige Weise an: durch das Leben und durch die Worte der Menschen, durch persönliche Erlebnisse und in großer Deutlichkeit durch die Heilige Schrift.

Von einer solchen Erfahrung spricht der Karmelitenbruder Lorenz von der Auferstehung (1614-91). Als junger Mann machte er eine Gotteserfahrung, die ihn in der Tiefe seines Herzens nachhaltig berührte: „Gott hat mir mit meiner inneren Wandlung eine besondere Gnade erwiesen. Als ich achtzehn Jahre alt war, habe ich an einem Wintertage einen Baum betrachtet, der seine Blätter abgeworfen hatte. Wie ich daran dachte, dass nach kurzer Zeit die Blätter und später die Blüten und Früchte von neuem erscheinen, hat mir Gott in einem Augenblick die Größe seiner Weisheit und seiner Macht gezeigt. Dieses Erlebnis werde ich niemals vergessen. Es hat mich von der Welt völlig frei gemacht und mir eine solche Liebe zu Gott eingeflößt, dass ich nicht sagen kann, ob die Liebe gewachsen ist, seit ich vor mehr als vierzig Jahren diese Gnade empfing."

Macht sich Gott für einen Menschen „bemerkbar", ist gleichzeitig etwas von seiner Gegenwart, seiner Liebe und seiner Größe zu erahnen. Edith Stein hat sehr feinsinnig über diese Begegnung mit Gott gesprochen, indem sie sagte: „Aber wichtiger noch ist das innere Berührtwerden von Gott ohne Wort und ohne Bild. Denn in dieser persönlichen Begegnung findet das intime Kennenlernen Gottes statt." Bei diesem Innewerden der Liebe Gottes handelt es sich um eine Wahrnehmung, die uns über uns selbst neu denken lässt. Dem Selbstbild und dem Selbstverständnis werden neue Facetten hinzugefügt. Wer solches erlebt, will und kann nicht mehr so tun, als wäre nichts geschehen. Was vorerst innerlich, ohne Worte erahnt und erkannt wird, bewirkt eine neue innere Freiheit. Diese bleibt auch in äußerer Unfreiheit erhalten. Die so von Gott Ergriffenen wollen und können gar nicht anders, als ihr Leben bewusst mit Gott zu gestalten.

# ECHTE BEGEGNUNG SCHAFFT BEZIEHUNG

GOTT IST ABER **IMMER GEGENWÄRTIG,** AUCH WENN WIR DAS GEFÜHL SEINER NÄHE NICHT HABEN.

Paul Weingartner

Zu beten beginnt, wer die eigene Erfahrung und die Ahnung von Gott radikal ernst nimmt. Beten heißt, ein Denken *an* Gott zu einem Dialog *mit* Gott zu machen. Der Glaube wird zu einer belebenden Beziehung, sobald Gott als Person angesprochen wird. Geschieht ein Hören und Sprechen mit innerem Engagement, so ist es „Inneres Beten". Ein kurzes, aber tiefes Gebet formuliert der Apostel Thomas. Nachdem dieser „sympathische Zweifler" den Auferstandenen sieht, drückt er seinen noch jungen Glauben mit nur fünf Worten aus: „Mein Herr und mein Gott!" (Johannes 20,28). Thomas, der bisher nur auf den „irdischen" Jesus baute, kommt zum Glauben an den Auferstandenen. Durch diesen Glauben kann Jesus nun auch in das Alltagsleben seines Jüngers auferstehen. Der Heilige Geist bewirkt im Glaubenden das innere „Erkennen" des verborgen gegenwärtigen Gottes. Deshalb traut uns Jesus zu, dass wir „nicht sehen und doch glauben" (Johannes 20,29).

Kann nun Gott innerlich gespürt werden? Einige meinen, Gott lässt sich im Herzen verspüren. Freude, Friede und Liebe sind Zeichen seiner Gegenwart. Andere sagen, Gott ist nicht zu spüren, denn Gott ist Geist. Er ist viel zu „fein" für unsere sinnlichen Möglichkeiten der Wahrnehmung. Ich meine, die Seele lässt uns manchmal ein klein wenig mitempfinden, wie sie das Wirken Gottes erlebt. Dabei empfindet sie Freude, Frieden und neue Begeisterung für das Leben. Gott ist mit seinem Sohn und dem Heiligen Geist in uns immer gegenwärtig. Auch dann, wenn wir das Gefühl seiner Nähe nicht haben. Der Glaube, dass Jesus in uns lebt, ermöglicht jedoch eine tiefe, unterhalb der „Gefühlsebene" liegende, stille Freude. Sie ist „selbständig" und frei gegenüber den äußeren Umständen. Eine solche Freude kann uns auch durch leidvolle Erlebnisse nicht genommen werden. Diese stille Freude kommt aus unserer Wesensmitte, in der Gott wohnt. Sie unterscheidet sich von der Freude, die aus günstigen Umständen, Gesundheit, Erfolg und schönen Ereignissen kommt. Paulus nennt sie „eine Freude, die der Heilige Geist gibt" (1 Thessalonicher 1,6). Aus dieser inneren Freude nähren sich der Sinn und die Kraft für unseren konkreten Alltag.

## 12

# BETEN – HAND IN HAND MIT DEM LEBEN

Viele Menschen schöpfen aus der Beziehung mit Gott Sinn und Kraft. Hierzu eine persönliche Schilderung:

„Für mich ist Beten keine zeitlich begrenzte ‚fromme' Zeit, sondern ein fließender Austausch zwischen Gott und mir. Hier geht es nicht um möglichst viele, schöne Worte, sondern um das tiefe Bewusstsein: ER ist da und ICH bin da. Es ist ein Miteinander in allen Dingen: bei der Arbeit, im Umgang mit der Familie, bei Begegnungen mit Menschen, unterwegs, in der Kirche, in der Natur... Es ist ein inniges ‚Verbunden-Sein' mit meinem Gott und Freund. Es gibt Zeiten des Schweigens und des stillen ‚Um-einander-Wissens'. Und es gibt Zeiten des Austausches durch Worte: Mitteilen der Sorgen, gemeinsames Überlegen weiterer Vorgangsweisen, Ausdrücken von Dank und Freude, Aussprechen von Bitten oder einfach eine kleine ‚Liebeserklärung'. Mit einer bewussten Lebensübergabe am Beginn und Ende eines jeden Tages vertraue ich Gott mein Leben und meine Lieben an. Und zumindest einmal am Tag nehme ich mir ausdrücklich Zeit, um ‚mit meinem besten Freund' eine Weile ganz alleine und in Ruhe zu verbringen. Gerne nehme ich mir

dazu eine Tasse Kaffee und ‚setze mich zu ihm'. Dabei reden wir über die Dinge, die mich im Tiefsten meiner Seele bewegen. Ich versuche hinzuhören, was er, mein Gott, dazu meint. Die heilige Messe mit dem Hören auf Gottes Wort, der innigen Vereinigung mit Jesus in der Eucharistie, und das Feiern in der Gemeinschaft, ist für mich ein großes Geschenk und eine Quelle der Kraft. Bei allen sehr unterschiedlichen äußeren Gebetsweisen, ist für mich jedoch nur eines wesentlich: Dass sich unsere Herzen mit dem Herzen Gottes verbinden. Beten ist keine Leistung, die wir erbringen müssen, sondern das natürliche Miteinander von ‚Einander-Liebenden'."

> „Ich bin bei euch
> alle Tage!"
>
> Matthäus 28,20

# UNTERWEGS MIT DEM,
# DER DAS LEBEN KENNT

Beten, das wesentlich aus dem Hören auf das Wort Gottes und somit auch aus dem Lesen der Heiligen Schrift besteht, vermehrt die Klarheit über unsere „Zuständigkeiten". Zwei Bibeln, sagen die Theologen, hat Gott uns hinterlassen. Und sie sind gemeinsam zu lesen: Die eine Bibel ist die Heilige Schrift, die andere Bibel ist die Schöpfung mit unserem Leben in ihr. Im Schauen auf das eigene Leben innerhalb der Weltsituation und im gleichzeitigen Lesen der Heiligen Schrift begreifen wir das Zusammenwirken Gottes mit uns.

Jedes Mal, wenn wir mit dem Herzen Licht und Verständnis für unser Leben erbitten, setzen wir einen weiteren Schritt vom Guten zum Besseren. Die innere Klarheit wächst, indem wir die aktuelle Sicht vom Leben nicht absolut setzen oder erstarren lassen. Haben wir offene Augen für unsere Mitwelt, so sind wir auch fähig für einen guten Dialog mit Gott und umgekehrt. Es zeigt sich: Wer mit Gott gut über die Menschen spricht, kann mit den Menschen gut über Gott sprechen. Jede auch noch so kleine „Rücksprache" mit Gott führt uns näher zusammen und festigt die Beziehung. Auf unserem Lebensweg verhilft uns der Austausch mit dem „mitgehenden Gott" zu größerer Klarheit in unseren Gedanken. Ich vergleiche es mit dem Vertrauensverhältnis zwischen erfahrenen Bergführern und einer Seilschaft, die erstmals einen hohen Berg besteigen möchte. Für das Weitergehen auf dem persönlichen Lebensweg spricht Jesus in die Tiefe eines jeden Menschenherzens: „Ich bin bei Euch alle Tage!" (Matthäus 28,20). Die Rücksprache mit Jesus, einem kompetenten Weggefährten, sollte für uns eine Selbstverständlichkeit sein, wie auch der Philosoph Dallas Willard (1935-2013) treffend sagt: „Göttliche Führung ist im Idealfall wie ein fortgesetzter Gedankenaustausch mit Gott: die Art von Beziehung, die guten Freunden vorbehalten ist – reifen Persönlichkeiten, die in derselben Sache miteinander unterwegs sind."

Bildlich gesprochen umarmt uns Gott als Vater liebevoll mit seinen beiden Armen: Ein Arm ist Jesus Christus, den der Vater uns als Freund und Weggefährten gegeben hat. Der andere ist der Heilige Geist, der uns Lebenskraft gibt und uns als Lebensberater leitet. Mit ihnen gemeinsam gehen wir mit wachsender Freude und Klarheit, die aus dem Inneren kommen, unseren Lebensweg.

Die Sehnsucht betet stets,
auch wenn die Zunge schweigt.
Hast du immer Verlangen, so betest du immer.
Wie viele rufen mit ihrer Stimme,
sind aber stumm in ihrem Herzen!
Aber auch wie viele schweigen mit ihren Lippen,
rufen dagegen in heiliger Andacht, und Gott hört sie.
Viel Liebe, nicht viele Worte, wenn du betest!

Augustinus

## FÜR DICH ...

Gott ist immer gegenwärtig, auch dann,
wenn wir das Gefühl seiner Nähe nicht haben.
Der Glaube, dass Jesus in uns lebt, bewirkt eine tiefe,
unterhalb der „Gefühlsebene" liegende Freude.
Sie ist „selbständig" und frei gegenüber den äußeren
Umständen. Diese Art von Freude kann uns auch
durch leidvolle Erlebnisse nicht genommen werden.

**Wie stellst du dir eine „krisenfeste"
Gottesbeziehung vor?**

## ... IM AUSTAUSCH MIT FREUNDEN

Die Freundschaft mit Gott ist etwas sehr Persönliches und
nicht einfach zu beschreiben. In China wird es so ausgedrückt:
„Ich sagte zum Mandelbaum: ‚Erzähle mir von Gott'. Und er blühte."
Durch Gedanken an die Freundschaft mit Gott kommt aus der
Tiefe der Seele Freude auf.

**Welche Worte, Vergleiche und Bilder lassen euch
das Schönste an der Gottesbeziehung erahnen?**

# LITERATURNACHWEIS

Edith Stein-Zitate aus:
Edith Stein Gesamtausgabe (ESGA)

S. 22: ESGA 5, 176., Herder 2010
S. 46: ESGA 11, 406., Herder 2013
S. 53: ESGA 18, 44., Herder 2013
S. 69: ESGA 13, 6., Herder 2010
S. 76: ESGA 18, 171., Herder 2013
S. 84: ESGA 1, 170., Herder 2010
S. 86: ESGA 1, 205., Herder 2010
S. 96: ESGA 19, 44., Herder 2009
S. 112: ESGA 14, 182., Herder 2010
S. 115: ESGA 11, 412., Herder 2013
S. 116: ESGA 11, 411., Herder 2013
S. 119: ESGA 17, 63., Herder 2013

## KONTAKT-ADRESSEN

www.karmel.at
www.edith-stein-gesellschaft.at
www.prh-schweiz.ch